JN055758

telework

テレワーク
Q&A

一般社団法人
産業保健メンタルヘルス研究会・編

【著者】
鈴木 安名 (産業医)
峰　 隆之 (弁護士)
西 賢一郎 (産業医)
北岡 大介 (特定社会保険労務士)

経営書院

はじめに

　テレワークは、新型コロナウイルスのパンデミック（以下、コロナと略）以前から情報通信産業等で実施されてきましたが、普及は限られていました。「利便性は感じるが、コストや導入の手間がかかる」という費用対効果の問題、あるいは「必要性を感じない、通常勤務で差し支えない」というものでした。その状況を打開したのが、コロナという現象だったのです。

　コロナ対策として取るものも取りあえず、導入した企業も少なくないのですが、テレワークは実に奥が深い世界です。「国の方針だから、会社トップの指示だから、ともかく実施」というのは語弊がありますが、ウェブ会議ツールをパソコンやタブレットにインストールすれば、テレワークの基本であるオンライン会議システムができた気分になります。

　「これで上司と部下の間で会議だけでなく、1対1の打合せができる」「報連相や指示命令もできそう」「具体的な作業はビジネス用のアプリケーションソフトなどで行うのは従来どおり。一昔前までのように、フラッシュメモリにデータを保存し、自宅やカフェなどで持ち帰り残業をしたときと似ている」ということで、導入直後の抵抗は少なかったといえます。

　ところが、開始後1カ月もしないうちに、さまざまな課題に気づくのです。労働時間管理、健康管理など、人事労務の問題どころか、そもそも会社の目が届きにくいスペースで働いているので、まじめにやっているのかどうかがわかりにくいのです。

　「それなら、目を付ければよい！」という発想で、常時カメラオンを命じる上司もいて問題になりました。プライバシーへの不満やモチベーションの低下、さらにはテレワークを悪用してのテレハラ、リモハラなど、士気や生産性が低下する出来事も起こり始めます。

　ありふれた不満は、出勤日における予想外の残業と通信環境の問題で

す。深刻なのはセキュリティと知的財産所有権の問題です。不況の影響
もあり、兼業・副業を認めた企業では、技術情報や顧客情報の漏洩リス
クもあります。セキュリティ対策の取られた会社貸与のパソコンでも、
画面を撮影されたらアウトです。

　そういった諸々の不満や苦情が、情報システム部門だけでなく、ただ
でさえ忙しい人事担当者と管理職に集中します。コロナ後も中長期的に
在宅勤務を継続していく方針の企業のなかには、思い切って情報通信企
業にシステムを発注し、グループウェアによる進捗管理や勤怠管理など
を進めているところもあります。それでもいったん開始してみれば、
せっかくのグループウェアやアプリが使われないITリテラシー問題な
ど、さまざまな問題に突き当たります。

　本書は法的視点ならびに、産業医学にとどまらず労働科学の立場か
ら、部下のマネジメントに役立つ心理学の知識も含め、テレワークを上
手に運用するコツや考え方の切り口を提案しました。テレワークを導入
した、あるいは今後導入する企業の、人事担当者と管理職のための問題
解決に役立つように執筆されました。一方、本書で示した人材管理のコ
ンセプトは、テレワークのない会社の人事担当者と管理職が、仕事を振
り返り改善するための糸口になると思う次第です。

　なお、本書で紹介している事例は、複数の事実に基づきつつも、それ
らを合成編集した模擬事例であることをご了承ください。

医学博士、産業医　鈴木安名

目　　次

第3章　ケースでみるテレワーク下のメンタルヘルス対策

第4章　座談会 「テレワーク下における 企業のメンタルヘルス課題と実務対応」

第5章　Q&A　テレワーク下における労務管理のコツ

第6章　Q&A　在宅勤務にかかわる法対応

第1章

テレワーク論

峰　隆之
（弁護士）

I　再びやってきた「内職」の時代

　古い話で恐縮ですが、いまから約60年前に「東京ヘップサンダル工組合事件」という有名な事件がありました（中労委昭35.8.17命令、労働委員会年報15号30頁）。

　そういわれても、そもそも「ヘップサンダル？　何それ？」とリアクションされる人がほとんどだと思いますが、往年の有名女優オードリー・ヘップバーンが、映画「ローマの休日」に出演したとき、それを履いていたことがきっかけに一気に流行したというサンダルで、女優の名前の一部が履き物の名前になったのです。

　いまにしてみれば、見た目はごく普通のサンダルなのですが、それはともかく、冒頭紹介した事件は、自宅を仕事場にして、ヘップサンダルの賃加工を行っていた職人たちが労働組合を立ち上げて、仕事を依頼してきた業者に対し、団体交渉を求めたというものでした。この事案について、中央労働委員会は、「職人は、毎日業者のところに出頭して、その指図による仕事を受け、その事業計画のままに労働力を提供して、対価としての工賃収入を得ているものであって、…（労働組合法3条にいう）『賃金、給料その他これに準ずる収入によって生活する者』といえるので、団体交渉の申込みを受けた当該業者は、その申込みに応じなければならない」と判断しました。

　さて、本書は、昨年から広く普及を始めたテレワークにつき、今後、企業として縁の切れない新しい働き方として推進していこうという考えに立ち、産業保健や労働法学の立場からこれを積極的にバックアップしていこうというコンセプトで企画されました。テレワークが広く実施されるようになってほぼ1年が経過するなかで、浮き彫りになってきたいろいろな課題を抽出し、解決に向けた知恵やアイディアを紹介し、より使いやすく快適で、また、労使ともに納得のいく働き方とするための工夫やポイントを解説していきます。

　それにしても、60年余りを経て、再び、「内職」とはいわないまでも、

「内職的な」働き方が脚光を浴びることになろうとは夢にも思わなかったというのが、筆者の偽らざる心境です。

Ⅱ　最新技術がもたらした福音

　もちろん、本書が取り上げるテレワークは、いわゆる内職とは異なり、職人による物づくりではなく、通信機器とパソコン等の端末を利用した、情報・データの入力、加工、分析業務や、企画書、提案書の作成、はたまた業務計画、さらには経営戦略の立案というレベルまで多岐にわたるものです。また、それらの遂行に必要な打合せ等をオンラインで行うことも可能となり、打合せのためにわざわざ出社する必要もありません。

　ヘップサンダルの製造職人さんは、わざわざ毎日業者のところに出向いて指示を受けていたというのですから、逆に、雇用契約の下で労務提供を行う義務を負う社員が、出社する時間と労力を省くことのできる現代のテレワークのほうが、より時間の自由度が高くなっているともいえるでしょう。

　さらに、テレワークは顧客に対する営業、商談のためのツールとしても機能します。これまで顧客の下に頻繁に通って、自社製品等の受発注を行っていた営業社員は、自宅やサテライトオフィスにいながらにして、顧客との必要なやり取りを行うことが可能となりました。通信インフラの拡充と情報処理端末の高性能化により、数十年間日の当たらなかった「内職」的な世界に、再びスポットライトが当たる時代がやってきたともいえるのです。

　ただし、最新のテクノロジーからさまざまな恩恵を受けているとはいえ、次に述べるとおり、新時代の「内職」的な働き方には、注意すべき点がいくつかあります。

Ⅲ　テレワーク導入で労働時間が増える？謎

　テレワーク導入に伴い、社員は、それぞれのリモート環境で、1人黙々と働くことになります。個別の環境にもよりますが、基本的には孤独感を味わいながらの仕事となります（もっとも、もともと職場の「雑音」を好まずテレワークを単純に福音であると感じている人もいるとは思いますが）。

　その孤独とどう向き合うかは本書の別の箇所で取り上げるテーマですが、通勤による心身の負担から解放され、孤独な環境で仕事に集中できる分、業務効率は高くなるように思われます。

　実際、筆者が参加する機会を得たテレワークをテーマとする座談会（本書発行時点において『労務事情』1433号に掲載予定）では、ある企業の方から、テレワークの対象を社員全員に拡大して導入・実施した2020年度と、それ以前とを比較すると、2020年度は全社的に労働時間が短縮化していたそうです。ところが、一方で、若手・新入社員層のみ、労働時間が増えているという事実が認められたそうです。そして、これらの若手社員らに対するヒアリングなどを行ったところ、結局、これらの若手社員層の多くが、いままで先輩社員等に聞くことができた「業務のための調べ物」に時間を要するようになったことが、労働時間増加の原因であったという分析結果に落ち着いたという経験談を伺うことができました。

　現代に回帰してきた「内職」（いまのテレワーク）は、もともと、数十年の長い間、職場のなかで行われてきた業務であり、それを、種々の理由から、職場の外で行うようになったものです。数十年の間職場で行われてきたことにはそれなりの理由があることを理解したうえで、新しい働き方をチューニングしていかなければなりません。

　数十年の間、グループやチームが同じ空間を共有し、そのメンバーがお互いに助け合いながら仕事を進めるというやり方が多くの会社・職場で続いてきました。そのメンバーのなかに、経験が浅くて仕事のコツを

まだつかめていない若手の社員がいたとしましょう。業務時間中、隣に座っている先輩社員はバリバリ仕事をこなしていて、若手社員はおいそれと声をかけることはできません。それでも、先輩社員も人間ですから、昼休憩以外の業務時間中にも小休憩くらいは取ります。そのタイミングを見計らって先輩社員に声がけをして、雑談を挟みながら、仕事でわからないことや行き詰まったことへの対処法を教わったり、自分の思いついたアイディアを聞いてもらったりして、それに対する意見を聞くなどした経験がある人も多いと思います。筆者にも会社員であった時代がありましたが、そのような、隣席や向かいの席にいる先輩からの教えやアドバイスに随分と助けてもらいました。

　ところが、現代のテレワークではこのような環境は望むべくもありません。まさに、先ほど述べたようなある企業の状況は、カジュアルに相談できる先輩社員や同僚が身近にいるかどうかにかかわる問題であり、そのような存在が身近にいないことの影響から生じた事象ということができるでしょう。したがって、新入社員や若手層は、そもそもテレワークとの親和性が低いという事実を認識する必要があります。

　ちなみに、労働基準法38条の4に定められている「企画業務型裁量労働制」は、一定の要件を満たすことにより、実際に労働した時間数にかかわらず、労使で合意した時間数を労働したものとみなすことを可能とする制度ですが、同制度を利用するための要件を解説した厚労省の指針（平成11年労働省告示149号）では、若年労働者について、次のように述べています。

　「使用者が当該知識、経験等を有しない労働者（筆者注・客観的にみて対象業務を適切に遂行するための知識、経験等を有しない労働者）を対象業務に就かせても企画業務型裁量労働制の法（同・労基法）第4章の労働時間に関する規定の適用に当たっての労働時間のみなしの効果は生じないものであることに留意することが必要である。例えば、大学の学部を卒業した労働者であって全く職務経験がないものは、客観的にみて対象労働者に該当し得ず、少なくとも3年ないし5年程度の職務経験を経た上で、対象業務を適切に遂行するための知識、経験等を有する労

働者であるかどうかの判断の対象となり得るものであることに留意することが必要である」

　もちろん、この記述はテレワークに言及したものではありませんが、一般論として、経験年数３年未満の労働者は自らの裁量で仕事の順番を決めるなどして業務の効率化を図り、労働時間を制御できる知識も経験もないという認識を述べており、社員に対するリモートワーク導入の範囲を考えるうえで参考になるといえるでしょう。

Ⅳ　職場における新入社員・若手層の教育はどうあるべきか

　この点については、「わからないことや判断がつかないことがあるならメールで質問すれば足りるのではないか？」という疑問も当然あるかと思います。

　しかし、会話とメールのやり取りでは、行き交う情報量が圧倒的に違います（もし、会話の内容を録音して文字起こしをしてみたら、その文字数に驚くはずです）。また、相談や質問を受ける側も、途中で適宜逆質問をするなどして、尋ねられている内容を確認することが可能で、やり取りをしている最中に回答すべきポイントを頭のなかで整理できるため、結果的に、的確な回答内容に早く到達することができます。つまり、質問を受ける側としても、効率的で相対的にストレスが少ないやり取りであるといえるのです。

　これに対し、メールによる質問は、相手が休憩しているか否かにかかわらず飛び込んでくるもので、受け取った相手が疲れているときは、開いて読むのも億劫になりがちです。また、要領を得ないメールというものも往々にしてお目にかかるところです。さらに、特定の１人にメールによる質問が集中することにも問題があるかもしれません。CCが入っていなければ、グループのメンバーにそのような状況が生じていることは認識されません。このようなことから、単なるメールによる質問だけで事を済まそうとすることには問題があることが認識されて然るべきで

しょう。

　必要に応じて、電話やオンラインでの相談、それも雑談を含んだやり取りをする、あるいは、グループラインなど、グループ全体で相談の受け皿をつくるなどして、特定の者ではなく、適宜回答者を回していくなどして、若手社員、新入社員の面倒をみることが必要なのではないでしょうか。

Ⅴ　評価の問題について

　次に課題として思い浮かぶのは、評価の問題です。

　リモートワーク中、評価する者（上司）と評価される者（部下）は、別々の場所で仕事をしていますので、評価者は、部下が仕事をしている状況や様子を直接見ることはありません。したがって、評価は、基本的に、部下が担当している仕事の難易度、これに対して提出された成果物の内容、提出期限の遵守状況、成果物の利用価値（反響の大小、好評・不評等）などをみて行うことになります。

　成果主義が強調される昨今の企業風土では、上司に媚びへつらう部下や、ヨイショ型社員、いわゆるイエスマンなどの、上司の顔色を窺う社員が評価されたり、深夜・休日を問わず長時間バリバリ働くモーレツ社員の「やる気」アピールが評価されたりすることの悪弊に対する反省が強調されています。その観点からは、客観的な指標である成果のみで評価が行われることのほうが、主観による評価（自分をヨイショしてくれる部下に対する依怙贔屓や長時間労働の暗黙的な推奨等）が排除され、むしろ歓迎すべきという考え方もあるかもしれません。

　もちろん、筆者としても、上司による主観的評価を主軸とする人事的評価や、長時間労働を美徳とするような考え方は排除されるべきものと考えますが、逆に、提出された成果物のみでの評価が行われるべきものとも考えません。

　現代における人事評価は、コンピテンシー評価であるべきだといわれ

る時代です。コンピテンシーによる評価の手法は、1970年代から米国ハーバード大学のマクレランド教授（心理学）らが行った研究から出てきたものであり、学歴や知能レベルが同等の外交官でも、人により業績の差が出ているという事実に着目し、そのような差が出るのはなぜかを研究し、知識、技術、人間の根源的特性を含む広い概念として発表したものです。その簡潔な概念を図示すると、図のようになります。

　図に基づいて説明すると、①高い業績を生む社員は、高い業績につながる行動を取っている、②高い業績につながる行動の基礎には、業務に関する真に有用な知識や技能を保有しているという地盤があるが、③世の中にあふれかえる情報のなかから真に有用な知識を選別したり、技能を習得するに至るさらなる土台・基礎として、本人の性格、動機、価値観等があるということです。

図　コンピテンシー評価の概念

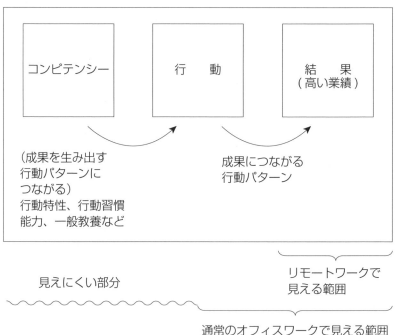

瞬間的・一時的に好業績、高い成果を上げることは、状況次第、または、その場しのぎの長時間労働で誰でも可能かもしれませんが、継続的に好業績、高い成果を上げるには、あるいは、職場や環境が変わっても、すぐに新しい職場や新しい職務に適応して業績を上げるには、基礎となる土台（知識や教養、その習得の仕方についてのノウハウ等）がどれだけしっかりしているかがモノを言うのです。

　たとえば、ある課題についてのレポートを作成するとして、同じようなレポートをつくるのに、次のような行動パターンがありえます。

【Aさん】
　インターネットを検索して同じ課題について論じているサイトを2、3閲覧して、サイトの記載から適宜内容を見繕い、コピー＆ペーストしたもので大略の内容を組み立てて、レポートを作成し、提出した。

【Bさん】
　同じ課題について論じているインターネット上のサイトを複数閲覧して、そのなかで紹介されている学術論文等を実際に読み（当然、学術論文を読みこなすために必要な基礎的な知識や当時の歴史状況等はインターネットや書籍で確認した）、その課題について論じている見解の背景や当時の技術的な制約等を理解することにより、その理論が成立する前提や、限界等を体系的に理解・整理したうえで、レポートを作成し、提出した。

　上記の例で、AさんとBさんが提出したレポートは、結果的・表面的には似たようなものになるかもしれません。しかし、レポートを作成する過程でAさんが獲得した知識と、Bさんが獲得した知識には雲泥の差が出てきます。

　Bさんが獲得した知識や、それらの知識を獲得するために培ったノウハウは、次の仕事をより効率的に進めるために、あるいは、その内容をより充実させるために力を発揮してくれる可能性が高いでしょう。また、後にBさんがまったく別の仕事にチャレンジすることになったときにも、その知識や知識を獲得するためのノウハウを応用・活用できるかもしれません。しかし、Aさんのやり方ではそのような知識までは獲得できていないはずないのです。しかも、AさんはAさんの方法、BさんはBさんの方法を繰り返すことにより、AさんとBさんの「知識格差」

「潜在的な能力格差」というものは、どんどんと広がっていくでしょう。

　このような、知識獲得についての習慣の違い、仕事への向き合い方が、結果的に、将来における社員の職務遂行能力の高低にかかわってくるというのがコンピテンシー評価の基幹をなす考え方です。

　そして、そのような行動習慣や、行動習慣の根底にある仕事への向き合い方、一般教養の有無、価値観等は、社員の営業成績、研究成果等にそのすべてが反映されてくるわけではないため、通常のオフィスワーク環境においても、上司の目に届きにくく、上司が意図的に見ていこうとしないと見抜けない…そのために、上司や組織は部下全体をどのように観察し、どの点に着目し、それを適切に評価するにはどうしたらよいか、を追求しようとするのがコンピテンシー評価理論です。

　さて、話をテレワークに戻しましょう。いま述べたように、通常のオフィスワーク環境においても、部下のコンピテンシーを適切に評価するのに十分な情報を得ることは難しいのです（だからこそ、コンピテンシー評価理論が必要とされるわけですが）。

　労務を提供する場がテレワーク環境に移るとすれば、上司によるコンピテンシー評価がさらに難しくなることはいうまでもありません。テレワークなのだから、成果物のみに着目していればよい、といった考えに立つと、長期的な視点での社員育成に支障が出ることは明らかです。

　したがって、テレワークが普及すれば普及するほど、定期的に会合（それも、打ち解けた状況で何でも話せる食事会などが望ましいでしょう）を開いて、仕事の悩みを聞いてあげたり、仕事を進めるなかで部下がどのような知識や知見を獲得したのかを上司が部下から聞き出したりする場を設けることが有用となります。

　つまり、テレワークが普及するにつれ、上司のほうでも、部下がいま何を考え、どのように行動しているか、コンピテンシー評価に必要な情報を意識的に集めることが必要になってくるのです。

VI まとめに代えて

　若手社員の育成や人事評価についての課題は上述したとおりですが、最後にベテラン社員の一定層に生じるインパクトについて考えてみたいと思います。

　テレワークで十分な成果を上げるようになり、在宅勤務での生活パターンにも慣れた社員が、遠隔地への転勤を打診された際、その転勤を喜んで受け入れる人もいれば、そうでない人もいると思われます。特に、すでに自宅での就労生活に慣れてしまい、転勤にも応じにくい事情がある人の場合、そのような異動に対する抵抗感はかなり高いものがあるように思われます。

　そこで、今後は、テレワークを前提とした、職場への頻繁な行き来を想定しない雇用形態への要望が増えてくるものと思われます。会社が制度としてそのような雇用形態を準備・提供できるのであれば、それで問題解決となる可能性がありますが、そこまで踏み切れないといった場合は、独立自営業者（Independent Contractor。別名フリーランス）への転身を考えるという展望も十分ありうることになります。その際の選択肢として、従前からの勤務先から一定の仕事を受注するというパターンもあれば、まったくのフリーランスとなり、以前と異なる会社（それも1つとは限らない）から仕事の注文を受けるパターンもあるでしょう。

　企業の都合や人事権を持つ者の胸先三寸で遠隔地への配転が行われたり、自分の希望しない仕事をあてがわれたりするため、社員が企業の顔色を窺わなければならないとして、「社畜」呼ばわりする人もいますが、その考え方には賛成できません。会社から提示された環境や条件のなかで苦労や経験を積むことで、社会人としての力量をかさ上げすることができるといえますし、そもそも1カ所にとどまって同じ仕事ばかりしていることも、人間の本性に反する部分もあるのではないでしょうか。解雇権濫用法理と同様に判例上積み重ねられてきた「人事権濫用論」によって、違法な人事権行使から社員が守られてきた事実もあります。言

い換えれば、終身雇用的な長期の契約関係の下で、社員と企業のちょうどよい緊張関係を媒介してきたのが人事権ではないでしょうか。

　ただし、個人のワークライフバランスに対する考え方や就労環境の変化により、その緊張関係から離脱したいと思う労働者が出てくることもあると思われます。

　フリーランス化は、この緊張関係を労働者が自らの意思で解くことを可能としますが、テレワークはそのようなウェーブが到来する契機の1つとなるのかもしれません。

　在宅勤務、テレワークの経験は、企業による人事権の行使を通じた人材マネジメント、人材育成、組織運営のあり方、ひいては定年までの在籍というわが国における一般的な雇用慣行の維持可能性について再考を迫るきっかけとなるのかもしれません。

第2章

ポストコロナ下における
人事労務管理の変化と課題

鈴木安名
（産業医）

西　賢一郎
（産業医）

Ⅰ　コミュニケーションと人間関係の変容

■1　USBメモリでの持ち帰り残業とはまったく違う

　テレワークに従事する前は、たいていの人は、「ときどきこっそりやっている持ち帰り残業みたいなもの。それに、いま流行のオンライン会議がプラスされて、細かなコミュニケーションは従来どおり、電話やメールで行う」というイメージを持ちます。

　この認識は間違いではないにしても、実際にテレワークに従事すれば、そんなに甘いものではないことに気づくでしょう。

　ちなみに、本章以降、ウェブ会議ツールを利用したオンラインの会議システムのことをオンライン会議と略します。大事なことは、テレワークは従来のようなフラッシュメモリでデータを持ち出して行う持ち帰り残業とは根本的に違うということです。仕事の性質、堅い言葉でいうと、労働の特性が根本的に変化してきます。この点は、テレワークの比率が高いほどそうなります。

■2　テレワークにおける労働特性の変化

A　コミュニケーションの変化

　まずは報告、連絡、相談というチームワークに不可欠なコミュニケーション（以下、報連相）が変化します。

B　情報共有方式の変化

　さらに、コミュニケーションによって得られた情報共有のあり方も変化します。

C　セキュリティの変化

　意外に見落とされがちなことですが、勤務場所は自宅やレンタルオフィスなど社外になるため、情報漏洩のリスクが段違いに高まり、セキュリティを強化する必要があります。

　これらの変化が社内の人間関係、仕事の生産性、リスク管理、そして

心身の健康によくも悪くも影響を及ぼします。ですから、人事労務管理もテレワークにマッチするようなイノベーションが求められます。

　本章では、テレワークを上手に運用するためのコツを理解する基本として、前記のＡとＢを中心に解説します。

(1)　オフィス空間がパソコンに入る？

　当然のことですが、何百立方メートルものオフィスの３次元空間が、会社貸与のパソコンに入ることになります。

　インターネットを通じての「電脳空間」といえば格好がよいですが、社員の視野に入るのはノートパソコンなら、わずか30×18cmほどの液晶画面のみ。視線や頭を動かしたところで、同僚や上司の姿は目に入りません。立ち上がって歩いても、スケジュール管理のためのホワイトボード、マニュアルや手順書、専門書の置かれた書棚はありません。

(2)　オンライン会議偏重は非効率

　冒頭に書いたように、テレワークといえばオンライン会議に目が向きますし、実際にオンライン会議はきわめて便利なシステムといえます。半面、これを偏重してコミュニケーションや情報共有など、何でもかんでもオンライン会議で行うと無理、無駄が生まれます。

　このことは、テレワークを理解するうえで最も大事なポイントです。以下で説明するとともに、**第５章のＱ１**でも具体的に解説します。

(3)　ちょっとした会話の重要性：「ちょっとをチャットで」

　現代では、オフィスワークの多くはパソコンで行いますが、自席に座ってパソコンに向き合うだけでは仕事にはなりません。自席にいるか移動するかは別にして、同僚や上司との間で１対１のちょっとした会話（報告、連絡、確認）をして、作業するのが通常です。こういうちょっとした会話が、仕事の問題解決や意思決定にとても役立ちます。

　ちなみに、かのヘンリー・ミンツバーグは名著『マネージャーの仕事』において、優れたマネージャーほど、部下との30秒程度の立ち話的

な短時間の会話を好む、との研究結果を示しています。

　このような、ちょっとした会話をオンライン会議やメールでするのは実に非効率的なので、結論からいえば、後述するチャットが必要になります。以下にその理由を述べます。

　参考書）ヘンリー・ミンツバーグ著　奥村哲史ら訳『マネージャーの仕事』
　　　　　白桃書房

　一般的な職場では、管理職が個別の部下と1対1のコミュニケーションで指示命令や点検確認をすることは少ないでしょう。同僚、先輩社員にちょっとした報告、確認をするという縦・横・斜めの会話により、仕事を進めます。これがチームワークです。

　以下の3人の会話を例にします。

　4年目「山田主任、例の物件の納期、来月の10日ですよね」
　主任　「そうだと思うけど、壁のホワイトボードで確認したら？」
　課長　「喜べ、あれは2週間延びて24日だ」
　4年目「わあ、助かります！」
　主任　「課長、あの会社、担当が変わるって噂を聞きました」
　課長　「次がうるさい人だと、主任、苦労するな」
　主任　「交渉は課長のご出陣で」
　課長　「俺は来年、役職定年だから、お前がやるのだぞ」

　以上の会話は、それぞれ7〜8秒以下で済みます。なぜなら、仕事についての背景情報が共有されているので、メッセージが短くて済むからです。また、その仕事に関係のない社員には何のことかわからないけれど、知る必要もないからです。

　このような会話をメールやオンライン会議でするのは、ばかげた時間の浪費になりますから、チャットを使うとはるかに効率的です。上の例をチャットにすると、以下のとおりです。

4年目　　例の物件、納期は来月の10日？

主任　*ホワイトボードで確認！*

課長　　喜べ24日に延期だ！！

4年目　　助かります！

主任　*あの会社、担当変わるかも…*

課長　　次がうるさいと、主任、苦労するな

主任　*そのときは課長のご出陣で*

課長　　来年は役定だ、お前がやるのだぞ！

⑷　テレワークの「三種の神器」

　オンライン会議、チャットとともに大事なものがグループウェアです。

　テレワークの有無にかかわらず、仕事で共有すべき情報には、報連相で得られた文章記録、会議の議事録、顧客情報、各種のマニュアルや規則集、さらにはカタログや図面などの文字や画像情報があります。また、仕事のスケジュールや進捗状況、あるいは社員の行動予定表などは、ホワイトボードなどに表示されています。

　テレワークにおいては、これらの文字、画像情報、進捗や行動に関する情報はグループウェア上で表示されます。

　もちろん、通常勤務の場合にもウェブ会議用の専用ソフトかどうかは別にして、グループウェアがあるのが一般的ですが、これを使わない社員も少なくありません。上記の3人の会話のように、わざわざグループウェアへの入力や閲覧をしなくても、ちょっとした会話で確認できることが多いからです。

　以上のように、オンライン会議に加えて、チャットとグループウェアの3つが、テレワークの「三種の神器」（図1）となります。

図1　テレワークの「三種の神器」

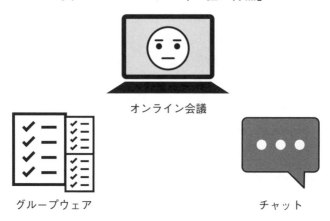

オンライン会議

グループウェア　　　　　　　　　　　　　　　チャット

(5)　オンライン会議偏重の弊害

　ところが、社員や管理職がテレワークの「三種の神器」を十分に使わず、オンライン会議をメインにすると、コミュニケーションと人間関係が変容してきます。その結果、人事評価や健康管理などの人事労務管理も難しくなります。さらには品質管理、コスト管理、進捗管理などの業務管理そのものも非効率になっていきます。

　次項からはオンライン会議の性質と、これを偏重することで生じる弊害について述べます。

❸　オンライン会議の特性

(1)　職場と社員の全体を見渡しにくい

　オンライン会議の最大の特性を簡単に述べれば、職場と社員の全体を見渡せないことです（**図2**）。

　オフィスを見渡せば、社員のほかに机・椅子、パソコン、ホワイトボード、壁際の書類棚、本棚が目に入りますね。テレワークではこれらの多くが自宅に移行します。机や椅子は家のそれ、日程や進捗を表示するホ

図2　オンライン会議の特性

職場全体が見渡せない
内蔵カメラでは目が合わない
小さい画面で表情が読めない

コミュニケーションが制約される

ワイトボードは社内外のポータルサイトにあるグループウェアになります。紙ベースのデータである書類、図面、マニュアル、規程集などは電子化されていれば、会社のサーバー内の共有フォルダに移行します。ファイル化されていなければ、この作業は業者に外注するか、社員が出勤日にすることになります。

　肝心要の社員については、目に入るのは名刺サイズの顔画面のみです。部下の動き、立ち居振舞いは、上司にとってはきわめて重要な情報なのに…。

　たとえば、立ち話のシーンを考えてみましょう。ベテランの主任と2年目の担当が、30秒ほど話をしていて、2年目がうなずいて納得した様子で席に戻れば、管理職としては一応、安心するはずです。あるいは、繁忙期のオフィスの昼休み、机に突っ伏して仮眠を取っている部下が3〜4人いれば、「頑張っているな。でも体調が気になる」と思うでしょう。また、メンタル不調での休職後、職場復帰して2週目の部下が、頻繁に離席していれば、「病状が不安定なのだろう」などと推測できます。

⑵　立ち居振舞いが見えにくい

　職場全体をさっと見渡せば、人材に関するかなりの情報が入手できます。それをどう活用するかは、管理職の経験と能力次第です。しかし、

それがテレワークになれば、部下1人ひとりの「立ち居振舞い」を見ようとしても無理です。オンライン会議を立ち上げても、小さな画面内の「顔動画」が見えるだけです。部下側が映像や音声をオンにし忘れれば、パソコンの前にいるのかいないのかもわかりません。

　つまり、ほうっておけば、仕事や職場の全体の状況がわかりにくくなるのが、テレワークです。

(3)　小さな画面で表情が読めない

　皆さんも、初めてオンライン会議システムを使ったときは、驚いたはずです。従来の、大型のモニタを使ったテレビ会議が、自宅の小型のノートパソコンで簡単にできるからです。

　そして、最初の1〜2日は物珍しさも手伝って、パソコンのソフトを用いてデータや資料を部下と共有しつつ討論を行います。「無料のソフトだけど、十分に使えるな」と実感します。

　でも、3日目あたりから、違和感を持つでしょう。

A　目が合わない！

　朝、始業直後に10分の朝会を始めて、5分ほど管理職が、本日の予定などを課員全員に対してしゃべり始めます。でも、部下たちは皆、うつむいています。パワー系の上司なら、「なんだ、みんな、覇気がない。しっかりしろ！」と思うのですが、その自分自身もモニタ上ではうつむいているわけです。

　そこでようやく気づくことは、モニタ上で相手の顔を見つめれば、パソコンのカメラから目がそれるので、うつむき加減に写るということです。プライドの高い上司なら、理性では理解しても「私の目をなぜ見ない！」と怒りの感情を抱いても不思議ではありません。

B　表情が読みにくい

　そして、部下たちの表情が読みにくいのです。

　なぜなら9人も部下がいれば、1人あたりの画面は多く見積もっても、操作のためのサイドバーなどを除くと、ディスプレイ面積の9分の1程度でしょう（**図2**）。14インチのノートパソコンのディスプレイで、

部下9人を同時に表示すれば、顔そのものは3×4cmという小さなサイズです。表情が読みにくくなるのは当然です。

C　肩から下は見えない

当たり前のことですが、内蔵カメラの性質上、パソコンから身を離さない限り、胸から下は写りません。上半身はワイシャツ、下半身はパジャマでもわかりません。

また、手の動きはカメラの視野の外になりがちです。社員が内蔵カメラから離れて意識して身振り手振りをしない限り、その立ち居振舞いは見えにくいのです。

D　内蔵スピーカーとマイクの制約

ノートパソコン付属のマイクとスピーカーは、コストパフォーマンスはよいけれど、通常勤務における音声に比べたら、低品質で臨場感に乏しく、ときに発語のタイムラグが生じます。

つまり、口調や口ぶりの細かな変化は把握しにくいのです。

4　オンライン会議偏重によるコミュニケーション変容

コミュニケーションの主体をオンライン会議にすると、以下に示すように、職場のコミュニケーションが変容します。

(1)　非言語コミュニケーションが取りにくい

オンライン会議の特性は、社員の立ち居振舞い、とりわけ〈目つき、表情、身振り手振り、口調〉がわかりにくいことです。これらは言語そのものではないけれど、人間同士の意思の疎通や感情の交流に非常に大事な意味を持ちます。

皆さんは、以下のような体験を日常的にしているはずです。

「課長が目配せしている。私に発言を求めているのだ」
「課長は私の発言にうなずいている。これでいいのだ」
「いまの課長、笑顔のふりしているけど、目が笑ってない。何かトラブルがあったかも。発言には要注意だ！」

21

図3　言語コミュニケーションと非言語コミュニケーション

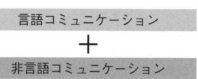

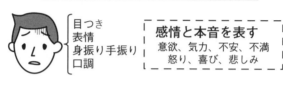

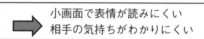

　これら〈目つき、表情、身振り手振り、口調〉など、言葉以外の手段を用いたコミュニケーションを非言語コミュニケーションといいます。「目は口ほどにものを言い」ということわざは、非言語コミュニケーションの本質を表現しています。

　これに対して、音声や文字、文章という言葉そのものによるコミュニケーションを言語コミュニケーションといい、人間のコミュニケーションはこの2つから構成されています（**図3**）。

⑵　気持ちや本音が伝わりにくい

　〈目つき、表情、身振り手振り、口調〉などの非言語コミュニケーションは、犬や猫、そして人間を含む哺乳類の言語とみなせます。ペットを飼っていれば、怒り、不安、喜び、寂しさや甘えたい気持ち、そして飼い主への信頼感まで手に取るようにわかります。飼い犬がひっくり返ってお腹をさらすのは、相手を信頼し、お腹をなでてほしいということですね。

　同様に上司−部下、同僚同士の会話でも、非言語コミュニケーションによって喜怒哀楽、意欲と無気力、信頼と不信などの感情が伝達されます。具体的には、部下の表情を見ることで、信頼の度合い、士気、モチ

ベーション、ストレス状態など、仕事と健康に関する情報が得られます。

　言い方を変えると、<u>言語コミュニケーションは建前や理想</u>を、<u>非言語コミュニケーションは本音</u>を表します（**図3**）。イメージでいえば前者はドライ、後者はウェットです。

　多くの部下を持つ上司ほど、ディスプレイに表示される顔の面積と画素数が小さくなり、視線を合わせづらいので、目についての情報量が大幅に減ります。ですから、スピーカーから流れる音声による言語コミュニケーションに頼らざるを得ません。

　したがって、オンライン会議では通常勤務以上に口が達者な人ほど注目され、黙々と働く人は影が薄くなり、職場の人間関係も狭くなります。オンライン会議で本社と支社の距離的な垣根がなくなるという、非常に大きなメリットがあるのに、これではもったいないですね。

⑶　人事評価がしにくい

　ところで、人事評価は単なる結果や成果だけでなく、報告、相談における態度や仕事に向き合う姿勢、意欲なども重視します。これらはまさに非言語の部分で「立ち居振舞い」と総称され、これによる人事評価を情意評価といいます（**図4**）。

　人事評価には成果というアウトカム評価だけでなく、努力や工夫というプロセス評価も重要で、<u>情意評価はまさにプロセス評価の1つ</u>なのです。ですから、情意評価やプロセス評価は、営業部門のように成果を数値で表すのが困難なオフィスワーク（人事総務、財務、情報システム、知財などの職種）で重視されてきました。

　また、テレワークが原理的に可能なのは、製造、販売、流通などの現場ではなく、システム開発を含めたオフィスワークです。逆にいえば、オンライン会議を偏重すると、情意評価が困難になるので、人事評価に戸惑う管理職がいて当然です（**図4**）。

図4　人事評価に戸惑う管理職

目は「心の窓」でモチベーションを表し
姿勢は文字どおり仕事への姿勢を表す

立ち居振舞いでの
情意評価が困難

目つき
表情
身振り手振り
口調

見えにくい
読みにくい

人事評価やメンタルチェックが難しい？

(4)　メンタルのチェックも難しい？

　また、情意評価は人事評価だけでなく、採用のための面接や部下のメンタルのチェックにも使われてきました。これまでは、「隣席の３年目の後輩の言動が気になります」と、部下が上司に報告し、上司は当該社員の表情や態度という非言語を観察し、声をかけてチェックしてきました。そういうラインによるケアの手法が困難になるのです。

　前述したように、多人数のオンライン会議では感情や本音を察するのが難しいから、それを口にしない不調者は見逃される傾向になります。要するに、ディスプレイ上の小さな顔動画を見ても、部下の心の健康はチェックしにくいのです（**図4**）。しかし後述しますが、少人数、１対１や１対２のオンライン会議の場合は別です。

　ちなみに、テレワークでのラインのケアには、**第５章のＱ４**で述べる「ケチな飲み屋サイン」が有用です。

5　人間関係の変容

　すでに述べたように、オンライン会議では非言語コミュニケーションの低下が生じるため、チャットを使いこなせないと、社員間の気持ちの

触れ合い、感情の交流が減っていく傾向になります。大雑把な表現をすれば、人間関係がドライになりがちです。古い表現をすれば、職場風土が家族主義的でも、長期間テレワークが続けば、個人主義的になっていきます。

　これは一部の人にはデメリットですが、他人に余計な気を遣わずに済み、割り切って仕事ができる分、ストレスが減り、楽になる人も少なくありません。一部には、「コロナ感染対策のために飲み会はなくなり、テレワークでは仕事を離れた雑談がしにくくなった。味気ない人間関係になった」と嘆く人もいるでしょうが、<u>テレワークの特性に見合った感情の交流、心配りは、やろうと思えばできるもの</u>です。

(1)　気が利く社員の士気が低下

　ところで話は変わりますが、わが国の職場でもてはやされる社員は「気の利く人」と呼ばれます。上司がいちいち細かいことを指示しなくても、仕事や職場の<u>全体の状況</u>を把握できる人です。そして、<u>上司の立ち居振舞い</u>から、その真意を察し、上司とのちょっとした立ち話的な会話で、その真意を確認し、行動できる人です。こういう行動ができる人が、ひところ流行語となった〈忖度〉できる社員であり、上司や顧客から大変好かれます。

　逆に「そのくらい言わなくてもわかるだろう」「いちいち言われなくても、やりなさい」という口癖のある管理職は、〈気が利く部下〉〈忖度できる社員〉が基準になっています。オンライン会議だけでは、職場全体の状況を把握するのが難しいのがテレワークなので、察してほしい上司と気が利く部下の両者がつらい思いをする場合もあります（**第3章ケース3**）。

　前述したように、テレワークはオンライン会議だけでは不完全で、グループウェアとチャットの加わった「三種の神器」（**図1**）を適切に運用することが重要です。

⑵　スタッフ間の協調性が減ることも

　オンライン会議の初心者では、上司・部下を問わず、うまくコミュニケーションをしようと夢中になります。自然と言語コミュニケーションが中心になり、演説調、説得調になりがちです。なかには余裕がないので雑談やジョークなどもってのほかとなり、会話は仕事のことばかりというケースもあります。

　一見するとドライで効率的に見えますが、まったく違います。そういう職場では、<u>スタッフ間の過度な不安感、競争心や警戒心が強まり、協調性が低下する</u>弊害があります。外国映画などで、緊張する場面で登場人物がよくジョークを言ったり雑談をしますが、これは、平常心とチームワークを保つためなのです。

　ちなみに、自分のことについて話すことを<u>自己開示</u>といいますが、これはある意味で、自分の弱みをさらけ出すことにもなるので、相手の警戒心（人間の本能でもある）を減らし、親近感を高めます。休み時間などに趣味や好きな食べ物などの雑談で自己開示ができる職場は、安心できる職場ですから、協調性が改善される傾向にあります。

　オンライン会議の特性を理解せず、人間関係を放置していると、上司・部下という上下の関係が中心になり、スタッフ間の物理的な距離が離れているので横や斜めの関係、つまりはチームワークや連帯感が乏しくなります。

　同僚の大変そうな表情から、手助けや声かけなどの気配りをすることは、ストレスチェックでいうところの「同僚からの支援」でストレス反応を軽減させるものです。テレワークが適切に運用されないと、この支援が減ってストレスが高まります。

　チャットは、たとえば顔文字も使えるツールでは、感情の交流もできるので、オンライン会議との併用により、自己開示の制約をある程度カバーできます。ただし、管理職が「チャットでの会話では顔文字を使うな、愚痴をこぼすな」という野暮な指示を出せば、残念な結果になるでしょう。

(3) 規律や秩序が悪化する傾向も

世界各国で、〈目つき、表情、身振り手振り、口調〉という非言語コミュニケーションは、同調圧力を強める手法として使われています。行動経済学として有名なナッジ理論におけるナッジ（nudge）とは、隣の人を軽く肘で小突くことの意味で、まさに非言語コミュニケーションです。

〈目つき、表情、身振り手振り、口調〉という非言語（立ち居振舞い）による誘導は、言葉による指示命令とは違って、受け手は自発的意思で行動したように感じます。

たとえば、雑談でうるさい状況で上司が「静かにしなさい」と発言するより、無言で自分の唇の前に人差し指を立てたほうが、効果的かつソフトで反発されにくいのです。声の小さい新人に対して、「もっと大きい声で発言して」というより、上司が自分の耳の後ろに手のひらを置き、半身になるほうがよいでしょう。こういう非言語による誘導は、無言の同調圧力となって職場秩序を維持することに役立ちます。

テレワークでの就労は、職場における同調圧力が減る分、規律や秩序

図5　非言語コミュニケーションの弱体化

立ち居振舞いは同調圧力にもなる。
・ストレスの側面
・規律と秩序の源泉

非言語コミュニケーションの
弱体化は規律・秩序の低下に

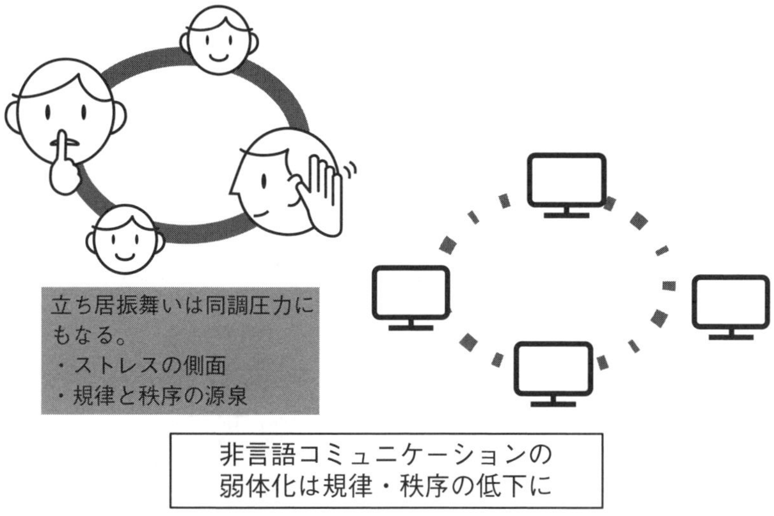

が低下する可能性があります（**図5**）。さらに、態度や雰囲気という非言語も使って部下を威圧して管理する人、要するにパワー系の上司は、テレワークで仕事のやりがいが低下するでしょう。

⑷　テレワークでストレスが減る人材

ちなみに、プライドの高い現代のビジネスパーソンに対して、表情や態度で相手の感情を察するのはよいのですが、それを直接指摘することは失礼になります。以下はその例です。

「なんかイライラしてない？」
「顔色悪いよ、疲れてるんじゃないの？」
「元気ないね、ストレス抱えてない？」

余計なお世話です！　と言いたくなるでしょう。
テレワークではこのような、若干礼儀を欠く発言、いわゆる<u>いじり</u>はかなり減ります。また表情や態度を過剰に読んだり、歪んで解釈したりして、相手の意図や感情を曲解して苦しむタイプの人は、テレワークで楽になります（**図6**）。詳しくは**第3章**の**ケース6**で述べます。
以下はその例です。

「今日の課長は私を見るとき、にらんでいるみたいで嫌だ。きっと、

図6　相手の表情や態度の解釈に苦しまない

対面で緊張　➡　自宅の画面で安心

昨日のミスをまだ怒っているんだ」（事実：最近、課長は眼精疲労のため、部下を見るときに目を細めるだけ）
「先ほど、山田先輩と廊下ですれ違ったとき、会釈をしたけど無視された」（事実：山田先輩は、お腹が痛くてトイレに急いでいて、後輩とすれ違ったことに気づかなかった）

　以上をまとめると、テレワークにおける人間関係は、相手の意図や感情が推測困難になります。本音がみえなくなり、気持ちや感情の交流が減ってドライになりがちです。ただし、逆にいえば、わずらわしい人間関係のストレスが軽減するのです。

Ⅱ　コミュニケーション強化の３点セット

　テレワークでのコミュニケーションを強化し、チームワークを保つ方法として、チャットの活用、オンライン会議の適正運用、出勤日の会話促進という３点セット（図７）がお勧めです。

図７　コミュニケーション強化の３点セット

1 チャットの活用

　オンライン会議で非言語コミュニケーションが使いにくい点への対策として、チャットが有効です。管理者が、適切な範囲で顔文字の使用を許可すれば、本音を出しやすくなります。

　チャットには、１対１の個別チャットと小集団の内部で使用するグループチャットがあります。それぞれの目的はいろいろあって、自由に使って役に立てばいいのですが、あえて解説します。

A　１対１の個別チャットの目的

・１対１のオンライン会議の要請と承諾
・報告、連絡、相談と問題解決に役立つ助言

B　グループチャットの目的

・連絡や確認
・自己開示の促進

　本音、気分、感情はチームワークに関係するからこそ大事であるのは、以上に述べてきたとおりです。チャットではできるだけ本音、本心が出せるような環境を設定すれば、組織のガス抜きになります。リモハラ、テレハラ問題もありますが、所属長は太っ腹になりましょう。

　プライバシー問題も、たとえば、「今日は飼い犬が騒いでいて、うるさくてすみません」などと先手を打ってチャットで出せば、相手は了解するでしょう。なお、チャットでのハラスメント対策は**第５章のＱ８**で解説します。

C　チャットのよさ

　チャットには、以下のような長所があります。

・グループウェアと連携して、効率的な情報共有がなされる
・メールのようなテンプレ文、挨拶などの冗長度が減る
・短文によるやり取りだけに、かえって相手の優先順位づけや計画性がわかる
・カメラを使用しないため、緊張や遠慮が減る
・SNS世代では短文のメッセージのやり取りに慣れている

ところが意外なことに、会社や職場によって、チャットはあまり使われていないようです。ITリテラシーが低いというより、そもそも好きではないといった、こだわりも関係します（**第3章　ケース8**）。

また、チャットが有用なため、管理職がその対応で忙殺されることがありますが、この点への対応法は**第5章のQ2**で解説します。

② オンライン会議の適正運用

以上に述べた非言語ミュニケーションが減るという弊害は一様ではなく、オンライン会議に参加する社員の人数によって変わります。

(1)　少人数のオンライン会議

当たり前のことですが、オンライン会議に参加する部下の数が少ないほど、表示される顔の面積が大きくなり、ある程度の非言語コミュニケーションが利用でき、双方向性も保たれます。特に1対1の面接だと通常勤務に近づきます。

つまりオンライン会議は、小人数の打ち合わせには十分使えるのです。1対1の面接で行う教育、指導、フィードバック面談、メンタル不調者へのカウンセリングなどは通常勤務となんら遜色がありません。

対人緊張気味の社員のなかには、自宅という安心感も加わり、オンライン会議が対面よりも効果的な場合もあります。

産業医が十分機能していない地方事業所でも、オンラインならば本社産業医がアドバイザーとして参加可能で、管理職と人事担当者、本社産業医の三者が情報交換をすると、効果は抜群です。

(2)　グループに分割した少人数のオンライン会議も有効

では、10人以上の部下を持つ管理職はどうすればよいのでしょうか。この場合は、全員参加のオンライン会議だけでなく、部下をグループ分けして、少人数のオンライン会議も併用するとよいでしょう。

図8をみながら、20人の部下を持つ管理職が、課全体の会議を行う場

図8　グループに分割した少人数のオンライン会議

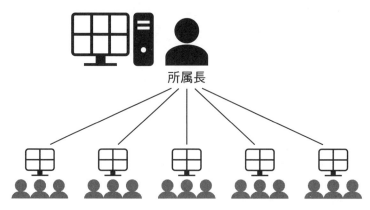

合を考えてみます。

ポイント　**グループに分割し、同じ議題で討論**

A　管理職が一定時間、方針を述べる。
B　部下4人を1グループにし、グループ討論をさせる。
C　各グループの司会者は監督者やベテランに任せる。
D　各グループの司会者がグループ討論結果を発表する。

　司会者の合計は**図8**の場合、5人とやや多いですが、一度に20人で討論するよりも〈目つき、表情、身振り手振り、口調〉という非言語がよく見えて、会議の効率が高くなり、問題解決や意思決定が促進されます。
　このようなグループ討論は、各種の研修でアクティブ・ラーニングの目的で、しばしば実行されていますが、慣れれば業務に関する会議でも有効です。全体の司会者は管理職でもよいですし、口達者な監督者にさせてもよいでしょう。

⑶　時間を与え、メモに基づき発言させる

　以下では、オンライン会議だけでなく、通常勤務の会議にも役立つ「会議活性化の5分間法」について述べます。

よくある会議のマンネリパターンとして、管理職が方針や見解を述べた後、すぐに部下に発言を求めるのですが、だれも発言しないので、だれかを指名して意見を述べさせます。でもあまり意見は出ず、再度、管理職がしゃべってお開きになります。

　部下たちの発言がないのは、彼らが無能でもコミュニケーション能力がないからでもなく、考える時間がないからです。上司が10分発言して、その直後に十分理解して、適切な意見を述べる部下がいたとしたら、その人はすぐに管理職になれます。部下が上司の発言をぱぱっと理解して、ささっと発言できるのがビジネスの世界なら、どこの会社も数年で上場できるでしょう。

　要するに、部下には考えるための一定の時間を与える必要があります。それに必要な時間が5分です。その5分間で理解を進め、意見をメモにしてもらいます。そして、全員に、そのメモを基に発言してもらうのです。こうすると、「主任の意見と同じです」という受け身の姿勢は減るでしょう（図9）。

　管理職が最初にこれを行うとき、空白の時間に耐えるのはつらいかもしれませんが、5分間じっと待ってください。その5分が部下の成長を促し、何より管理職自身の仕事を楽にするのです。

図9　会議活性化の5分間法

> 1．いきなり発言を求めない
> 2．参加者に5分間考えさせ、意見をメモ
> 　　書きさせる
> 3．そのメモを基に発言させる
>
> ⇒「○○さんと同じ意見です」という他人任せ
> 　のストップが可能

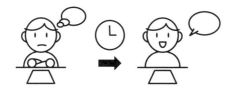

3　出勤日の会話促進

　特に若手社員や新人では問題解決能力が乏しく、コミュニケーションが不十分になりがちです。結果的に1～2週に一度の出勤日にこれを補うことになるので、出勤日に対面での打合せが多いほど、頼りになる上司、リーダーシップに優れた管理職といえます。

　その半面、たいていの管理職にとって、出勤日はかなりの長時間労働になりますが、必ず報われます。長時間労働への対処法は**第5章のQ2**で解説します。

4　職場全体を見渡すツールとしてのグループウェア

　さて、テレワーク「三種の神器」のラストはグループウェアです。冒頭で述べた職場と社員の全体を見渡しにくいことは、上司と部下の双方に当てはまりますが、その対策はコミュニケーションの前提になる<u>情報共有の課題</u>に還元されます。

　ホワイトボードでなされてきた進捗管理、個々の社員の動静、製造業でいえば工数管理などでの情報は、社内外のポータルサイトにあるグループウェアで行うことになります。職場を見渡して全体の状況を把握することが苦手な社員には、とても役立つツールです。前述したように、<u>チャットと連携することで、グループウェアの使用が促進され、情報共有が効率化されます</u>。

　その代わり、ITリテラシーの関係で、せっかくのグループウェアやポータルサイトにおかれた情報を見ない社員も少なくありません（**第3章　ケース8**）。

Ⅲ　新人・若手社員への影響

　2020年以降、大都市の大手企業の事業所に就職する新人たちは、就職活動、採用面接、そして研修もオンラインとなることが少なくありませ

ん。またポストコロナ時代といっても、コロナパンデミックが短期間で解決すると予想するのは楽観的すぎます。ワクチンや抗ウイルス剤が開発されていますが、効果や副作用の点から考えても、一定の解決には3〜5年はかかると考えたほうが無難でしょう。

この影響の分析をする前に、若手社員の一部には次のような傾向があることを知りましょう。そしてテレワーク、通常勤務の別なく、積極的な対策を取ることでメンタル不調の未然防止、労働生産性の維持・向上が可能になります。

以下は多かれ少なかれ、新人・若手社員に当てはまる傾向です（**図10**）。

❶　生活リズムが乱れやすい〜スマホ依存性

テレワークには生活リズムの乱れがつきものですが、これは全世代に当てはまります。

第3章のケース1で、その典型例を示しますが、ここでは新人・若手社員という人材の特徴を述べます。

⑴　スマホ寝不足

8年前のある県庁新人職員の話です。4月の就労開始の時点で、始業

図10　新人・若手社員の傾向

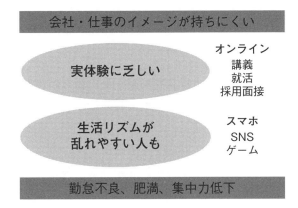

ぎりぎりに出勤する新卒が数人いました。研修が中心の時期ですが、単純な作業でもミスをしますし、ぼうっとして集中力に欠け、居眠りをすることもあります。研修担当者が、これらの新人と面談をすると、寝るのが午前1時過ぎでした。ときには2時過ぎまで起きていることもあり、絶対的な寝不足でした。ちなみに若い人では、5時間未満の睡眠でケアレスミスが1.5倍にもなるという研究結果があります。

　寝不足の背景にあったのは、不眠症ではなく、深夜、未明までスマホを扱うという生活習慣の乱れでした。ゲームやSNSに興じていたのです。

　ずっと昔の新人も、学生時代は夜更かしの生活をしていましたが、仕事の始まる1カ月前には覚悟して、早寝早起きの習慣に切り替えたので、このような問題はあまり起きませんでした。しかし、現代の一部の新人・若手社員では、夜型生活が修正されないまま、就職となっているのです。

(2)　ゲーム・SNS依存

　夜型生活が改まらない理由には、その人の体質も関係しますが、大きな理由はスマホ依存です。ゲームやSNSから離れられないのです。彼らの言い分を聞くと、「友人関係を大事にしたい。嫌われたくないから、SNSのメッセージが入れば、必ず返事をする」という、それなりに筋が通った答えが多いでしょう。

　仕事より私生活を重視しているように思えますが、片時もスマホを手放せない私生活自体が病的です。

(3)　メンタル不調と間違えられる

　ある会社では、上記のようなスマホ寝不足の新人が遅刻を繰り返し、上司から〈不眠症〉と誤解され、心療内科の受診を勧奨されて、睡眠薬を処方されました。結局、余計にこじれたのですが。寝る30分前に内服という指示を守れば、午前1時過ぎに睡眠薬を飲むので、9時過ぎまで熟睡できるというわけです。きちんと問診しない医者にも大いに問題はありますが、管理職も問題ある部下をいきなりメンタル不調扱いするの

ではなく、ライフスタイルを聞く必要があるでしょう。

　余談ですが、採用面接などでは「あなたの生活は夜型ですか？」と聞くよりも、「あなたは夜に強いタイプですか？　何時ぐらいまで起きていることが可能ですか？」というような質問方法が効果的です。

　オンライン・オフラインの別なく、入社直後の研修期間は、生活リズムを整えることを最重視しましょう。ちなみに、前述した県庁の例では、翌年から入職直後の２週間、生活記録表という用紙に就寝・起床時間などを記録させ、リズムが乱れている新人に対し、保健師やカウンセラーが指導・教育しました（**第３章　ケース１**）。その結果、寝不足新人問題は解決し、「最近の新人は覇気がある」という噂が出るようになりました。

② 実体験に乏しい　頭でっかちの新人

　実体験の乏しさは、いつの時代でも若者に共通しますが、2020年以降の卒業世代では、大学の講義、就活、採用面接、新人研修もオンラインが多く、この傾向が一層強まります。その結果、持って生まれた性格傾向や考え方が実社会で十分修正されず、素のままで現場に配属されがちです。また、採用の前後に、会社と社会についてのより客観的なイメージが形成されず、自分の主観、特に理想が先立ち、現実の職場に適応できない新人もいます。

　換言すれば、頭でっかち、自分中心の新人が少なくないといえるでしょう。

③ 早期退職の意向が出やすい

　現実の職場で、実際の仕事に従事してみると、内定までに抱いていたイメージ（その多くは理想）との大きなギャップを感じて、それがストレスになって早期の退職を考える人も少なからずいます。

　詳しくは、**第３章のケース７**をお読みください。以下では身近な例として、職場の電話に出るのが苦手という新人・若手社員の実情をみていきます。

④　コミュニケーション能力の開発不足の例：電話対応が苦手

　ある会社で3年目までの若手社員に、報連相のスキルを向上させる研修を実施し、グループ討論で「自分のストレス」を出し合いました。すると、人間関係のストレスに次いで多かったのが「職場の電話に出ること」でした。これらの若手社員は中学生ごろから携帯世代で、自宅の固定電話に出る経験がほとんどなかったと考えられます。携帯がなかった時代の子どもは、家で留守番をしていれば、いろいろな電話に出たものでした。

　対策として、電話対応の教育では、まず自分の名前を名乗るなどの礼儀作法を教えるだけでは不十分です。固定電話に出るのが不安という一部の新人を想定し、実際に電話対応の演習をさせるべきです。

　不安だからこそ、対応手順を身に付けることが必要になります。決まりきった挨拶、礼儀はテンプレみたいで嫌かもしれませんが、それで仕事がうまくいくということを理解してもらいます。

　そのほかに若い世代に特有の現象としては、人材ごとにITリテラシーのばらつきがあることです。スマホでなんでもできるので、家のパソコンが使われません。あるいは経済的事情でパソコンのない家庭で育った人材もいます。その結果は、新人なのにビジネス用のアプリケーションソフトに習熟していないという現実もあります。

⑤　対策

　以上の対策としては、テレワークの有無にかかわらず、新人研修の内容と形式を改善することに尽きますが、**第3章のケース7と第5章のQ11**で具体策を述べます。

Ⅳ　ポストコロナ時代のメンタルヘルス対策

　ポストコロナ時代のメンタル不調については研究途上ですが、対策や

未然防止を考えるためには、以下の3つの要因があります。

以下、順を追って述べます。

1．コロナ関連のストレス

2．テレワークという要因

3．体内時計が乱れやすい体質（個体側要因）

■ コロナ関連のストレス

本章の冒頭で述べたように、ポストコロナ時代といっても、コロナ感染症の一定の解決には3～5年はかかると考えたほうが無難でしょう。

コロナ関連のストレスにも2つの種類があります。コロナそのもののストレスと感染症対策という不便さのストレスです。

(1)　コロナそのもののストレス

PCR陽性で職場に迷惑をかける不安や、肺炎で死ぬことへの恐怖が大きいのはだれしも同じです。**第3章のケース2**で、この種のメンタル不調について述べます。

(2)　感染症対策という不便さのストレス

移動を控えること、3密防止、マスクや手洗いは、重要な感染症対策です。一方、飲み会、会食、旅行、帰省などの自粛は感染防止のうえで大事なことですが、本来はストレス解消として役立っていました。

これらの自粛は一部の人材に対して、ライフスタイルの変容として心身の健康を妨げていく場合もあります（**第3章　ケース5**）。

■ テレワークという要因

また、しばしば「テレワークにはメリットとデメリットがある」「テレワークのストレスは○○です」という考えをする人がいますが、それは少し違います。

　テレワークという勤務方法には光と影がある、と考えたほうがよいのです。たとえば、通勤が不要になって余裕時間が増えるというのは光の側面ですが、次のような影の側面もあります。

1）ある体質を持つ社員は、生活リズムが乱れ、メンタル不調や生活習慣病になりがち。
2）一見無駄なものに思えた通勤が、実はオンとオフのけじめをつけていた。これがなくなって、かえってワークライフ・バランスが崩れる人もいる。
3）家族関係がよくない人にとっては、通勤が唯一の自分の時間ともいえるので、テレワークで家族ストレスが増える。
4）仲が悪い夫婦で双方または専業主婦の妻を持つ夫が在宅勤務になれば、大変なことになる。

　テレワークの影響はこのように個人差がありますが、できるだけ上手にテレワークを活用し、労働生産性の向上と、メンタル不調を予防するという切り口が重要となります。

3　個体側要因と体質

　個体側要因とは、精神障害の労災認定で使われる用語です。簡単にいえば業務以外の、社員自身におけるメンタル不調になりやすい要因です。具体的には体質、ストレスを抱えやすい認知行動特性（ものの見方や感じ方と行動の仕方）に加えてメンタル不調の通院歴や休業歴も含みます。

　テレワークで最もダメージを受けるのが、以上のような個体側要因、特に通院歴や休業歴を持った人材です。コロナ以前から発病しやすい要因を持っているから当然とも思えます。ところが、興味深いことに、本章のⅠ5(4)（28頁）で述べたとおり、テレワークで対人関係のストレスが減って楽になる人もいます。

　テレワークに関連し、発病に結び付く個体側要因で重要なものが、睡

眠リズムが乱れやすい体質、今風にいえば、体内時計が狂いやすい体質、およびそれに加えて不適切なライフスタイルです。ここで大事なことは、この体質の程度がメンタル不調を起こすほど重くはなくても、仕事の処理速度や注意力の低下を引き起こし、ミスが増えることです。

この体質に加えて、スマホ依存で遅寝、遅起き、休日の寝だめというライフスタイルの歪みが加わって、発病やパフォーマンス低下のリスクが一層高まります。そのうえ、最近の研究によれば、これらの睡眠リズムの乱れは肥満やメタボの原因にもなることがわかりました。

以上をまとめると、テレワークで睡眠リズムが乱れると、能率の低下やミスの増加という労働生産性の低下が起こりやすくなり、肥満にもなりやすいといえます。

しかし、ご安心ください。この体質の改善には薬やカウンセリングは不要で、睡眠リズムの管理によってカバーできます。

第3章のケース1で、この問題の解説と対処法を述べます。

第3章

ケースでみる
テレワーク下のメンタルヘルス対策

鈴木安名
（産業医）

西　賢一郎
（産業医）

ケース1 在宅時差ぼけに要注意！

　最初のケースは、テレワークに特徴的なメンタル不調、在宅時差ぼけを取り上げます。

▶ キーワード：体内時計、パフォーマンス低下、生活習慣

　佐藤さん（33歳男性、独身）は財務部門に勤務しています。3月末日から会社の方針で在宅勤務（毎週水曜日は出勤）となりました。ところが、翌週から、不眠、だるさ、無気力が生じ、朝、パソコンを立ち上げられないという症状がひどく、オンラインの産業医面談となったのです。

　彼には、以前から軽い不眠症の傾向と肥満（170cm、84kg）がありましたが、メンタル不調での休業歴はありません。

　佐藤さんは当初、片道1時間半以上の通勤がなくなる分、テレワークで余裕のある生活ができると期待していました。しかし、通常勤務では朝6時に起床していたところ、在宅勤務で夜更かしの生活になり、ゲームやYouTube視聴の時間が急に増えました。

　毎週水曜日が出勤日でしたが、火曜日の夜は午前2時過ぎまで眠れず、朝6時に起きるのがひどくつらく、20分の遅刻。翌日の木曜日は在宅勤務でしたが、前夜は午前2時過ぎまで眠れず、起きたのは8時半で頭がぼうっとして、気力がわきません。濃いコーヒーを飲んでも改善しません。早くも在宅勤務2週目には、寝つくのは午前3時過ぎ、起きるのは10時前後、食欲もなく、パソコンを立ち上げる気力もないという状態になり、3日連続で欠勤となってしまいました。

　佐藤さんは、もともと平日は帰宅も遅く、SNSの趣味もあり寝不足で、土日にはしっかりカーテンを閉じ、午前10時過ぎまで寝だめをするという習慣でした。以前からゴールデンウイークやお盆休み明けに眠れなくなり、医者から睡眠薬をもらって服用しても効かず、かえってぼうっとするばかりだったそうです。

　産業医は不眠症というより、体内時計の乱れ、いわゆる社会的時差ぼ

けと診断し、規則的な睡眠、食事になるよう、オンラインで保健指導を
しました。その結果、2週間少々で生活リズムも整い、パソコンをきち
んと立ち上げられるようになり、在宅勤務での集中力も回復しました。

解 説

1 在宅時差ぼけとは

在宅勤務のメンタル不調で増えている典型的なケースです。

(1) 体内時計

人間をはじめ、地球上の多くの生物は体内時計を持っていて、夜行性
動物でなければ日中は活動的になり、夜間は休息モードになる仕組みが
あります。日中、とりわけ午前中は仕事への集中力も高く、眠気もきま
せん。夜には寝るべき時間に眠くなるのです。

問題は地球の1日は24時間なのに、人間の体内時計の1日は約25時間
であるということです。

地球と人間の1日には、およそ1時間のずれがあるので、ほうってお
けば1時間近く遅れていき、遅寝・遅起きになってしまいます。

(2) 体内時計合わせ

したがって、体内時計を日々、合わせる必要があります。そのために
は光、食事や運動が必要で、このうち光が時計合わせに最も効きます。

朝、目が覚めたら明るい光を目に入れ、きちんと朝食を摂るようにし
ます。運動としては、眠気を覚ます背伸びなどのストレッチがあります
が、通勤という行為自体が運動でもあり、体内時計のセットに役立って
います。

(3) 時差ぼけ

体内時計のセットをしないでいると、遅寝、遅起きになるだけでなく、

仕事中なのに眠気があって気力がわかず、集中力も低下してぼうっとしています。食欲がわかず朝食抜きになりがちです。睡眠時間はそれなりに確保しているはずなのに、眠いのです。コーヒーやドリンク剤などカフェインを含む飲料に頼っても、午前中は生産性が低いままです。

　このような状態は時差ぼけに似ているので、体内時計のずれによる症状を社会的時差ぼけといいます。朝がとても苦手な人はこの可能性があります。大事な点は、社会的時差ぼけは不眠症ではなく、眠っている時間帯がずれていることから生じるということです。人間は昼行性動物であり、日の出から日没までの時間帯で高いパフォーマンスを生み出す生物だからです。

　本ケースの佐藤さんは、在宅勤務がきっかけで社会的時差ぼけになったので、在宅時差ぼけといえます（図11）。恐ろしいことに在宅時差ぼけは、単に睡眠リズムが乱れ、朝パソコンを立ち上げられないばかりか、以下のことが生じるのです。

　つまり、仕事のパフォーマンスが落ちて太るのです。ビジネスパーソンとしては大打撃ですね。そして社会的時差ぼけはうつ病の初期のようにみえるだけでなく、ほうっておくと本格的なメンタル不調にもなりかねません。

　その半面、未然防止や産業医による指導教育で本ケースのように改善するので、見つけがいのある状態といえます。

(4)　体内時計を乱す生活習慣

①　休日の寝だめ

　遅寝、遅起きのような生活習慣の乱れに加えて休日の寝だめは、体内時計をひどく狂わせます。また、朝食を抜くのもダメージになります。佐藤さんのように体内時計が乱れやすい体質の人では、なかには2日間朝寝坊しただけで、体内時計が1〜2時間も遅れることがあります。しかも元に戻すのは容易ではなく、2週間ほどかかるのです。

　いずれにせよ、休日の朝寝坊は週明け前半まで眠気と疲労感を引き起こします。平日と休日の起床時間の差は1時間以内にすべきです。

図11　在宅時差ぼけ

在宅時差ぼけに要注意！

1．思考力や記憶力の低下を引き起こす
2．太りやすい体質、糖尿病などのメタボにもなる

メンタル不調の前段階でもあるが、未然防止可能

② 　朝、カーテンを開けない

　また、ぐっすり眠りたいのはわかるけれど、朝、目が覚めてもカーテンを閉めたままの人もいるでしょう。

　でも、体内時計合わせのためには、明るい光を目に入れ、睡眠物質であるメラトニンを消すことが重要です。暗い部屋にいるほど眠気が取れません。

③ 　寝る前のブルーライト

　これは常識になっていますが、寝る前のスマホやタブレット使用は、眠気物質のメラトニンを減らし、体内時計を乱す大きな原因となります。

④ 　スマホのアラームでスヌーズする

　在宅勤務でもアラームをセットしているのに、ついついスヌーズにして、ぎりぎりまで寝ていたいという人にリスクが高いといえます。なぜなら、時差ぼけでは睡眠時間は保たれていても、眠気を自覚するので、人間の本能から「もっと寝ていたい！」「少しでも長く眠りたい！」と感じて、遅刻になるかならないかのぎりぎりまで寝てしまいます。つま

り、体内時計がさらにずれていき、時差ぼけが悪化するのです。

つまり、よかれと思って取った行動が裏目に出て、悪循環になります。

⑤　朝食抜き

朝食を抜く習慣や、食べてもトーストにジャムという、糖質中心の朝食は、午前中の仕事のパフォーマンスを落とします。糖質に加えて十分な蛋白質が不可欠です。朝食が苦手な人は、プロテインバーを食べるとよいでしょう。

❷　在宅時差ぼけの経営上の意味と防止策

後述の「ケチな飲み屋サイン」（**第5章　Q4**）における遅刻・欠勤、特に当日連絡のものがあれば、在宅時差ぼけの可能性があります。そのためには、テレワークにおける勤怠管理が決定的に重要です。

テレワークでどのように出退勤管理をすればいいかは、**第5章のQ6**をご参照ください。

⑴　経営者にとっての在宅時差ぼけ

使用者にとっても，在宅時差ぼけによる経営的損失は大きいといえます。注意力や集中力が低下した社員が提供する労務は、品質、コスト、納期の面で劣ります。これをプレゼンティズムといいます。

在宅時差ぼけに関する知識は、テレワークにおけるメンタル対策だけでなく、労働生産性の維持向上にも役に立ちます。また、通常勤務の社員にも当てはまるのです。

⑵　率直に生活習慣を聞く

テレワークでは、在宅時差ぼけを前提に、「夜はよく眠れる？」と聞くよりも、「朝はきちんと起きられる？」という声かけをするのが管理職として重要です。

「寝覚めの気分はどう？　休日は朝寝坊のほう？」と、"不眠"より、"起床"にフォーカスを当てることで、早期の未然防止が可能になります。

⑶　受診勧奨と配慮

　また、産業医や保健師が機能している職場では、在宅時差ぼけであれば、メンタルクリニックを受診しなくても、治療が可能になります。メンタル不調、ストレス、職場の人間関係という連想で、「職場のメンタルヘルス対策は面倒だ」と感じていた管理職も、部下の生活習慣をチェックすればいいのです。当然、パフォーマンスの低下があるため、仕事の処理速度が遅く、長時間労働になりがちですから、業務量は減らします。

　起床時間はプライバシーにかかわるため、聞きづらいという面もあるでしょう。しかし、もともと生活習慣が乱れやすい人材は在宅勤務でさらに時差ぼけになることを知っており、実際にそれが疑われる部下がいるとしたら、使用者に予見可能性が生まれるので、結果回避義務が生じます。また、在宅勤務でパソコンを立ち上げるなどの始業時刻は、個人情報ではありません。

　ですから、ストレートに「朝はきちんと起きられる？」と聞けばよいのです。勤怠が不良なら産業医面談を勧めたり、心療内科の受診を説得しましょう。従来から、部下のメンタルが気になれば「きちんと眠れるか？」とチェックするラインのケアは当たり前でした。それはテレワークでも同じです。

　また、日曜の夜に、明日からの仕事を考えて憂うつになるサザエさん症候群（英語ではブルーマンデー症候群）の社員が少なくありません。従来、これはメンタル不調の初期やストレスを抱え込んだサインと考えられてきましたが、社会的時差ぼけの可能性もあります。

⑷　対策

　そういう人にとっては、つらいことでしょうが、休日の寝だめはやめ、朝は光を目に入れることが必要です。天候にかかわらず空を２分ほど眺め、３分ほど軽いストレッチをすると、心も身体も目覚めます。最後に朝食を摂ります。和食でも洋食でもよいのですが、糖質だけでなく蛋白

図12　健康の３点セット

質も必要です（**図12**）。

　以上でテレワークの準備は完璧です。これにより、仕事のストレスは同じでも、日曜の夜は気分が楽になります。

⑸　時差ぼけは通常勤務にもある

　社会的時差ぼけは、程度の差は別にして通常勤務の社員でも起こり、以下がそのサインです。

・遅刻しがち
・午前中の作業能率が悪い
・カフェイン飲料に頼る
・肥満になる

　体内時計のセットには２週間ほどかかりますが、朝の気分がよくなり、パフォーマンスが高まります。ともすると、不規則な食事、睡眠の乱れ、運動不足などで起こる生活習慣病は、将来、年を取ってからの脳卒中や心臓病につながるとイメージされてきました。そのため、人事担当者や産業医などが「生活習慣病の未然防止」をアナウンスしても、「差しあたって命に影響はない」と考えるため、社員の反応は乏しいといえました。

しかし、睡眠リズムを中心とした生活習慣の改善で、仕事のパフォーマンスが向上するという社内教育をすれば、社員も真剣になるでしょう。特に電機、自動車製造業関係の技術者には、体内時計というメカニックな用語は理解されやすいといえます。

❸ 肥満と労働生産性

肥満と生産性に関していうと、「肥満者は食事の自己管理ができないので、仕事もできなくなる」という考えが専らです。ダイエットや運動には、節制つまりは自己管理が必要だからです。しかし、太る原因として社会的時差ぼけが関与している可能性もあります。それにより朝食抜きになり、昼食と夕食を摂る時間帯がずれて、「どか食い」になって急激に太りだすのです。そして太った結果、仕事のパフォーマンスが落ちていくという見方もできます。

しかし、部下の容姿について指摘するのはハラスメントと受け取られかねません。ですから、たいていの管理職は、部下が太っていても、「生活習慣病やその予備軍だ」と思うだけで、パフォーマンスについては検討せず、大目にみてしまうでしょう。

テレワークの時代には、「自己管理をしろ」というより「体内時計を合わせよう」といえば、部下は「何それ？　体内時計って何？」と興味や関心を示すはずです。

本ケースの佐藤さんは、通常勤務のころから肥満がありました。それでも、通勤という運動が体内時計を不完全ながらセットしてくれていたのでなんとかなっていたのです。

ケース2 コロナ恐怖症

本ケースではコロナに付きものの、コロナ恐怖症について解説します。あわせて、一般には優れた資質といわれる「豊かな想像力」が、テレワークで裏目に出る場合もあることをお伝えします。

▶ キーワード：豊かな想像力、強迫性障害、ノイローゼ

　本田さん（28歳、女性）は上場会社の健康管理室に勤務する契約社員です。電話対応はもとより、産業医や保健師が行う面談のスケジュール管理や受付業務、さらにはカルテや健診結果票などを準備する仕事です。

　健康管理室も在宅勤務になり、産業医と保健師もオンラインで面談をします。出勤日は本田さんを含め、週に1日でした。

　ところが在宅勤務の開始から1週間もしないうちに、社内でPCR陽性の第1号が出てしまいました。40歳代の男性社員で、幸い入院はしなくて済みました。

　問題はPCR陽性の社員は、本田さんがよく知っている人だったことです。本田さん自身もジョークをやり取りするほど親近感がありました。

　そういう会話のシーンを思い浮かべた直後、彼女は自分も感染したのではないかと不安になったのです。会社の規程で、本田さんを含めた健康管理室の全員が出勤してPCR検査を受けましたが、幸いなことに陰性でした。

　PCR検査は綿棒で鼻やのどをぬぐうものだったので、本田さんは帰宅後、鼻やのどの違和感を覚え（当然ですが）、綿棒にウイルスが付いていたのではないかと気になり始めました。

　さらに、スマホでコロナ関連のニュースをチェックすると、"ミスト、エアロゾルを介した空気感染は否定できない"という記事がありました。のどの違和感がさらにひどくなったため、濃いめのうがい液で何度もうがいをし、手洗いを厳密にするようになりました。

　スーパーへの買い物などの外出後は、すぐにシャワーを浴び、髪や手など露出した部分をごしごし洗います。外出で着ていた服は帰宅後直ちに、アルコールスプレーをかけ、洗濯をするようになったのです。

　ある日から、恐怖心がさらに高まり、外出もしていないのに、夜昼なく何度もシャワーを浴びる、手を洗う、うがいをするようになりました。換気のためにマンションの窓を開け放ちます。在宅勤務で感染するリスクは低いと理屈ではわかっていても、そうせざるを得ないのです。

そうしているうちにも、コロナウイルスの形状が脳裏をよぎったり、のどに違和感を覚えたりするのです。また、緊張のためか夜中に何度も起きてしまいます。在宅勤務どころではありません。コロナが怖くてパニックになる日も出てきました。不安を癒すために飲めないお酒を飲むことで起こる動悸や火照りまで、コロナのせいだと思うのでした。

　このような状態に気づいた夫は、本田さんを心療内科に受診させました。病名は適応障害で、1カ月間労務不能という診断書が出たのです。

解　説

1　コロナ恐怖症のポイントと行動の特性

　コロナ恐怖症とは本書でのネーミングですが、いかにもコロナ時代のメンタル不調といえます。以下がポイントです。

コロナ恐怖症のポイント

①仕事上のミスや事故、トラブルなどの出来事（ケースではまさにPCR陽性第1号の発生）があって、その処理が一段落したときに起こりやすい。

②身体の症状そのものが苦痛というより、その症状がコロナのような重大な病気のためではないかという不安で苦しむ。

③不必要にPCR検査を希望し、陰性でも不安が消えないことがしばしば。

(1)　度を越した対策で仕事に支障が出る

　在宅勤務自体によるメンタル不調ではなく、コロナに対する恐怖心が強く、度を過ぎた感染予防策を取り、それによって仕事や日常生活に支障が出たというケースです。

　理性ではわかっていても、恐怖心という<u>本能に強く迫られて不適切な行動を取って</u>しまいます。その意味で、本田さんは厳密には強迫性障害

と思われます。手荒れがひどくなっても何度も手を洗ってしまう"不潔恐怖症"が有名ですが、出勤時に、火の元や戸締りが気になって、何度も確認をして遅刻してしまう人もいます。

(2)　意外に想像力が豊か

強迫性障害は不安障害に含まれ、昔は病気ノイローゼ（神経症、心気症）とも呼ばれました。

不安障害は、意外なことに、ふだんは明るく朗らかな人もなります。ポイントは、想像力が豊かで、仕事や趣味などものごとへのこだわりが強い人に起こりやすいということです。一般に、想像力が豊かであることは「先のことを考え行動する」という面ではよい資質と思われがちですが、度が過ぎると不安障害（ノイローゼ）になってしまうのです。

とりわけ、ステイホームを厳守するまじめな社員ほど、土日も引きこもり状態になって現実感覚が薄れていき、本田さんのように、「まだ起こっていないリスクが、現実に発生した」かのように感じてパニックになってしまいます。

(3)　先々のことを考えすぎる

ものごとを深く考えて未来をコントロールできるのなら、人類はとっくの昔に理想社会に到達しているはずです。コロナ禍のように過酷な時代は、将来や過去ばかり考えず、いまを生きることが心の健康を保つコツです。他人や周囲の環境をコントロールできると思う人ほど、不安定な時代には、自分に自信を失ってメンタル不調になりやすいのです。

また、ものごとへのこだわりや執着は、ある意味ではエネルギーですので、仕事や家事、趣味に向かっているうちはよい結果になります。ところが、何かのきっかけで、時間に余裕が出て、こだわりのエネルギーが自分の身体に向かうと発病します。

本田さんの場合は在宅勤務でしたが、定年後も雇用延長でばりばり働いてきた人が、退職後に、知人ががんで死んだ、くも膜下出血で急死したなどのきっかけで、病気ノイローゼになって医者を渡り歩くことが少

なくありません。

2 対応

うつ病とは異なり、不安や恐怖についての言動がはっきりしています。「ケチな飲み屋サイン」（**第5章　Q4**）でいえば、〈泣き言をいう〉が該当します。

オンライン面談では、うつ病系のメンタル不調者対応と少し違って、ストレートに病気（ここではコロナ）への不安を尋ねればよいのです。

(1) 受診勧奨

管理職や人事担当者は、体調について不安を持っている社員が相談すべき窓口を日常的に示しておきます。

そのうえで社内の産業医や保健師、あるいは社外の相談窓口への相談を勧めます。その際、事前に産業医などに、コロナへの不安が強いという情報を伝えておくとよいでしょう。

(2) 安全配慮と治療

人間関係のストレスよりも、ミスや事故、トラブル、緊張や不安がメンタル不調の土台になりがちなので、緊張が減るように業務量を減らすのが原則です。

治療は薬物療法に加えて、重い場合は認知行動療法のような精神療法（カウンセリング）が有効です。

ケース3　課長との距離が遠い

本ケースでは**第2章**で述べた、気が利く人として上司からの評価が高かった社員がテレワークになって精彩を欠くという事例をみていきます。

▶ キーワード：**気が利く部下、空気が読める人、非言語コミュニケーション**

大橋係長（34歳、男性）は在宅勤務で、2週に1日出勤の体制です。

この勤務体制が始まって2カ月のころから、どうも仕事がやりづらいことに気づきました。いろいろと悩んだ末に、オンラインでの産業医面談を受けることにしました。

　彼はその面談で言葉を選びつつも、以下のような発言をしました。

　「眠れないとか、仕事へのモチベーションが低下しているわけではありません。でも在宅勤務になってから、課長との距離が遠くなった感じがするのです。人間関係は決して悪くないです。それどころか、課長からは、『お前は若いのに気の利くやつだな。いまのペースでいけば、2～3年で課長昇格かもね』とまで言われたほどです」

　「先月末の個別ミーティング（月末にある課長との1対1のオンライン会議）でも、『君の働きぶりに問題はない、この調子でやってほしい』と笑顔で言われました」

　「ただ、在宅勤務になってから、一歩踏み込んだ仕事ができないのです。いままでなら、課長の顔色をうかがっては、ちょっとした問題点を確認に行ったり、自分のアイデアをそれとなく話したりできました」

　「パソコン画面では、課長の考えが読めないので、チャットで相談すればいいのですが、どうもタイミングがずれてしまうのです」

　「仕事上の問題はその場でチェックしたいのですが、上司が多忙なときに確認するのは迷惑がかかります。いままでは課長の態度や雰囲気が同じフロアでよく見えましたが、在宅ではそうはいきません。課長の意向が思うようにくみ取れない、といった気持ちです」

　以上の発言に対して、産業医が以下のように助言すると、大橋係長は納得した様子でした。

①次の出勤日に、いま、私にお話ししたことを率直に課長に伝えましょう。遠慮はいけません。
②いままでのように課長の立ち居振舞いを観察して、報連相をするやり方も大事ですが、テレワークでは、そういうコミュニケーションの方

法は取りにくいのです。

③課長とストレートに、1対1のオンライン会議やチャットをする方法
に切り替えるのもよいかもしれません。

解説

テレワークになって、仕事がやりづらいと感じる上司は少なくありま
せん。第2章で述べたように特に人事評価に関して、部下の立ち居振舞
いから仕事への姿勢やモチベーションをチェックするという情意評価が
しにくくなるからです。

1 気が利く部下こそ要注意

逆に、それは部下にとっても当てはまります。大橋係長は、雰囲気や
態度から上司の意向を忖度し、ちょっとした立ち話でそれを確認するこ
となどで、同僚たちに先がけて仕事を進めてきました。つまり、課長に
とって、大橋係長は "気の利く部下" だったのです。

このように、相手の表情や態度から、気持ちを推測できる能力は、と
ても役に立ち、気が利く、あるいは空気が読める人として評価されます。
とりわけ、わが国のようなメンバーシップ型雇用の社会では。しかし、
このような〈目つき、表情、身振り手振り、口調〉という非言語コミュ
ニケーションを重視していると、在宅勤務では裏目に出て、仕事の障害
にもなりかねません。

「仕事の問題解決が進まない。課長に質問したいけれど、なんだかイ
ライラしているみたいだから、いまは控えたほうがいいだろう」と質問
のタイミングを気にしすぎれば、時機を逸してしまいます。

2　対策

(1)　言語コミュニケーションの強化

　部下に忖度を求めるのではなく、明確に指示命令を出すようにします。
　部下との打合せでは、メモ書き程度でもいいから、画面上でファイルを共有しながら話します。また、チャットを積極的に活用するとよいでしょう。

(2)　非言語コミュニケーションの強化

　いくら部下のパソコン画面の面積が狭いといっても、言語コミュニケーションだけでは野暮です。
　少しカメラから離れ、パソコン内蔵のカメラを直視して会話をします。うつむき加減でしゃべる上司は頼りにならないイメージ（**第2章**参照）になります。
　しっかり身振り手振りをします。おおげさなうなずき、Vサイン、拍手などを演技的に行います。このように振る舞うと、上司への信頼感が高まるでしょう。

(3)　少人数のオンライン会議重視

　第2章でも述べましたが、オンライン会議も1対1または1対2ならば、画面の面積は増えて、目線がそれていても、表情から得られる情報量は多人数の会議より増えます。
　オンライン会議で表情が読めるのは、せいぜい自分と相手は2人まででしょう。

ケース4　自分の居場所がない！

　本ケースではテレワーク、とりわけ在宅勤務による家庭内問題について取り上げます。

ともすれば、プライベートでセンシティブなテーマと考えがちです
が、そのプロセスにかかわらず、結果的に労働生産性を低下させ、各種
のリスクを顕在化させかねない重要な問題です。なかなか正解を出しに
くい領域ですので、考え方の枠組みを示します。

▶ **キーワード：夫婦間トラブル、レンタルオフィス、EAP**

　大和田さん（55歳男性）は上場会社の建設業で、この年、役職定年を
迎え、専任課長の肩書です。２～３年前から、「この職業人生も、課長
止まりか」とむなしい反面、激務から逃れられるかもという期待があり
ました。しかし、着任した課長は自分よりかなり年下の、いわゆる年下
上司で、２～３週間の出張を平気で命じてきます。

　「これが役職定年というものか」と半ばあきらめつつも、「33年間も勤
続したのに、俺の居場所がない」と憤るのです。

　会社は在宅勤務には積極的ではなく、テレワークは週１回だけです。
半面、３年前に就任した現社長の方針で、36協定該当者はもとより課長
クラスの管理職まで、労働時間管理が厳しくなり、19時前後には帰宅す
べし、ということです。

　ほかにも、大和田さんにはやりきれないことがあります。というのは
妻（45歳女性）が上場会社の関係会社の総務で、大和田さんの会社とは
逆で２週に１日の出勤日以外はテレワークです。彼女は在宅勤務になっ
てからは、22時近くまで台所のテーブルでパソコンに向かっています。
仕事というより何かの資格試験の勉強だといいます。

　そのうえ、大学生の20歳と18歳の娘は２人ともオンラインで講義を視
聴しています。

　もともと少なくなっていた家族の会話が一層少なくなりました。温厚
で家族には気を遣うタイプの大和田さんは、テレビを視聴するのもイヤ
フォンを使います。家に居場所がなければ、当然、会社にいたくなりま
すが、会社の働き方改革でそれは不可となりました。

　先日、地方事業所にいる同期と久しぶりに会ったところ、彼も似たよ
うな境遇でした。そこで、彼とオンライン飲み会をしました。酒盛りは

金曜の深夜まで続き、2週間後の土曜日以降、2人でよく釣りに行くようになりました。平日は堂々と定時退社です。

解　説

① テレワークでは夫婦間トラブルが顕在化する

　家族の課題が顕在化するのもオンラインで、打開するチャンスもオンラインにあります。とはいえ、本ケースは大和田さんが温和で自己主張をしないタイプですから、まだいいほうです。

　以下のような調査結果もあります。

　〈夫婦でテレワークを行う日数に対して、不満や集中できていない、喧嘩をする日数の割合はどれくらいか？〉を調査すると、夫婦で一緒にテレワークをする日のうち、

・不満に感じている人は22.7％
・集中できていない人は24.5％
・喧嘩をすることがある人は11.0％

という結果になりました。

　　出典：@niftyニュース　「新型コロナでテレワークが普及　テレワークが原因
　　　　で夫婦間にトラブル発生も」2020年12月06日　00時31分

② それは労働生産性を阻害する

　夫婦・家族間の不和が生じたり、不倫をするといった家庭内のトラブルが生じた結果は、当然にテレワークのパフォーマンスを低下させます。

　使用者は「私生活の問題」と安易に座視するのも問題ですが、人事担当者や管理職に家庭問題をコントロールする権限はありません。

③ 対策

(1) レンタルオフィス

　必要に応じて、レンタルオフィスの提供や斡旋をするとよいでしょう。在宅勤務ではありませんが、これは立派なテレワークです。もちろん、そこに通勤するうえでの感染リスクはありますが。

　なお、テレワークに要する費用負担の取扱いについて、厚労省の「テレワークの適切な導入及び実施の推進のためのガイドライン」では、「テレワークを行うことによって生じる費用については、通常の勤務と異なり、テレワークを行う労働者がその負担を負うことがあり得ることから、労使のどちらが負担するか、また、使用者が負担する場合における限度額、労働者が請求する場合の請求方法については、あらかじめ労使で十分に話し合い、就業規則等において定めておくことが望ましい」と記されています。

(2) 相談窓口の設置

　テレワーク関係の悩み相談窓口を設置することも有効です。

　外部機関のEAP（従業員支援プログラム）を活用するとよいでしょう。

　ストレスの度合いやメンタル不調の有無などをチェックし、受診勧奨もしてくれます。また、カウンセラーによっては、本人だけでなくパートナーのカウンセリングも行い、一定の問題解決を図ります。

ケース5　腰が痛くて腹が出た

　本ケースでは、テレワークにつきものの腰痛対策としての、運動ならびに安全衛生における休憩の意義を述べます。コロナ＆テレワークの時代には、在宅でのエクササイズが経営にも貢献するのです。

▶ **キーワード：腰痛、パーソナルトレーナー、テレワークのガイドライン**

　人事総務部総務課の大竹主任（34歳、男性、独身）は、テレワークになってから腰痛に悩んでいます。人事課主催での"テレワークの注意事項"というオンライン研修を受けて、ワークスペースの確保が大事だと思い、作業机と椅子を買ったのですが、いっこうに改善しません。

　もともと腰痛の気があって、整形外科に通院していたころに教わったルーティンをやっています。たとえば、腰に負担をかけない動作にすることや腰痛体操などですが、効果はほとんどありません。そのうえ、テレワークになって2カ月もたってないのに4キロも太ってしまいました。それも腰に負担をかけているのでしょう。大竹さんは仕事の合間にネットで腰痛について検索すると、筋トレが効くという記事がありました。

　彼は筋トレなどは20年近くやっていませんでしたが、〈あなたに優しいオンラインパーソナルトレーナー〉というキャッチフレーズの広告が目に入りました。

　注）パーソナルトレーナーとは1対1で筋トレなどの指導をする職業。

　会費は必要ですが、パーソナルトレーナーは、教え方が非常に上手です。最初に"プランク"という種目（**図13**）を教わりました。初めは10秒も続きませんでしたが、毎日、続けていくと、1分以上もできるようになって、気づけば腰痛も軽くなっています。そのうえ、トレーナーは仕事の愚痴まで聴いて、アドバイスを与えてくれるのです。

　「先々のことを考えても仕方がないでしょう？　嫌な上司といっても、大竹さんには人事権はないし。それにしても、今日はすごいじゃないですか！　プランク、2分も続いていますよ」

　こんなわけで、トレーニングのモチベーションが高まるのです。

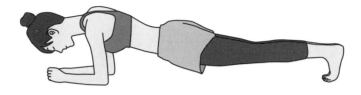

図13　プランクという体幹トレーニング

①前腕を床につけ、脚を伸ばし全身を板のように真っすぐにし
②この姿勢をできるだけ長くキープする

効用　腹筋だけでなく背筋や下肢まで全身が鍛えられる

―――――――――　解　説　―――――――――

１ 怖いテレワーク太り

　テレワークで短期間に太る人が増えています。「メタボは差しあたって命に影響がない」という考えは間違いです。太った人のなかには血圧が上がって、脳卒中で在職死亡となったケースもあります（第94回日本産業衛生学会での報告）。

　また最近の調査では、テレワークの健康への影響は、悪化する人と、通勤時間がなくなった分、運動をすることで改善した人の２極分化が起こっています。

２ 経営の視点で運動を考える

　経営管理の立場でいうと、在宅勤務では運動が決定的に重要です。人事評価に日々の運動時間を入れてもいいほどで、腰痛や肩こり、頭痛を改善するだけでなく、以下のメリットもあります。

1）運動は体内時計をセットし、午前中の集中力を向上させる。
2）有酸素、無酸素運動にかかわらずストレス対策になりメンタル不調
　　者を減らす。したがって労働日数の損失が減り、労災・訴訟のリスク

> も低下する。
> 　3）生活習慣病の予防になり、健保財政を改善する。

　以上の効果は若手社員だけでなく、中高年社員にも当てはまります。特に高年社員が定期的に有酸素運動をすると脳の血流がよくなる、というエビデンスもあります。

　有酸素運動というとウォーキングのことかと短絡的に考えて、ステイホームでは無理だなと思うでしょう。狭いマンション暮らしなら、ルームランナーなど置けません。ところが、畳半分のスペースさえつくれば、下の階に迷惑をかけない有酸素運動が可能なのです。エアロビクスなどできなくても、その場でひざをしっかり上げて足踏みをするだけでよいのです。筋トレの要素もあって効果的です。

　慣れてくると、5分から10分できるようになります。やってみるとわかるのですが、有酸素運動をしていると、いろいろなアイデアが浮かんできます。難しい表現をすると、歩きながら考えると、推論、問題解決、意思決定という思考の3要素がよくなるのです。なぜなら、人間の本質の1つは歩くことだからです。「下手の考え休むに似たり」といいますが、テレワークで問題解決が進まなければ、在宅エクササイズをすればよいのです。

　ただし、週に1回というのは、効果的ではありません。週に3回以上がポイントです。テレワークでせっかく浮いた通勤時間を使わない手はありません。

　また、筋トレをはじめとしたエクササイズではフォームが決定的に重要ですが、わざわざオンラインパーソナルトレーナーを使わなくても、YouTubeのような動画を閲覧することで、十分学ぶことができます。

3　休憩についての厚労省ガイドライン

　腰痛、肩こり対策にも役立つ休憩時間については、厚労省「情報機器作業における労働衛生管理のためのガイドライン」（令元.7.12基発0712第3号）に示されています。

ここでのポイントは、「一連続作業時間が1時間を超えない。作業途中、1～2回の小休止。次の連続作業までに10～15分の作業休止」という作業管理の項目です。1時間につき、10～15分の休憩が必要というのは、無理な基準に感じられるかもしれません。しかし、再三述べたように、テレワーク、とりわけ在宅勤務では通勤のための運動がなくなった分、筋力低下が生じ、腰痛や肩こり、女性ではドライアイになりやすくなります。

　また、通常勤務ではいろいろな割込み作業や打合せがあるため、立ったり座ったりすることが普通です。このため、落ち着いてパソコンに向かうことができず、皆が帰宅してから仕事に集中する社員もでてきます。そうすると、長時間残業の常連になってしまいます。

　一方、テレワークでは、割込み作業や打合せはオンライン会議やチャットで指示命令をするため、そういうことを面倒に感じたり、慣れない上司の下では、部下は一人親方的にかなりの裁量で働くこともあるでしょう。仕事に集中できる半面、気ままな作業になったり、家事雑用をしながら作業することも、状況によってはあるかと思います。

　このため、「テレワーク自体を、すでに休憩を与えているものとみなしてよいのではないか」と、休憩時間を与える必要はない、と考える読者もいるでしょう。しかしながら、厚労省のテレワークのガイドライン（「テレワークにおける適切な労務管理のためのガイドライン」）の見解は、次のように示しています。*事実上労働からの離脱がしやすい環境に置くことと、労働から離れることを権利として保障していること（休憩）とは異なります。すなわち、テレワークを行う労働者に対しても、1日の労働時間が6時間を超える場合は45分以上、労働時間が8時間を超える場合は60分以上の休憩を与えなければなりません。*

4　腰痛とメンタル不調

　本ケースのように、中高年社員にとっては「腰痛はテレワークの友」ともいえますが、そんな甘い話ではなく、腰痛が持続すると、痛み自体がストレスとなってメンタル不調にもなります。整形外科医は慢性腰痛

の患者さんに、抗うつ薬を処方するほどです。

　とはいえ、腰痛になるまで休憩を取らない人ほど、仕事に熱中しがちで、痛みを我慢したり鎮痛剤を飲んだりして、結局、休憩しないというか、休憩を忘れてしまうのです。

5　休憩管理としてのタイマー法

　そこでスマホのアラームを使い、〈25分働いて5分休む〉〈50分働いて10分休む〉という設定をします。スマホというツールによって、労働を自己管理するわけです。この面でも、テレワークは個人事業主的です。つまり、自己管理ができる社員ほど、テレワークに向いています。

　また、タイマー法は、ゲームやSNSにのめり込まないためにも役立ちます。もちろん、タイマーをかけても守れない人がいるのはいうまでもありませんが、少しでも腰痛、肩こりを改善できるという可能性を重視しましょう。何より、在宅勤務は通勤不要で、休憩時間を確保する条件があるのですから。

6　だれがどのように運動を勧めるか？

　とはいえ、使用者のだれが、どのように在宅勤務者に運動を勧めるのかという議論は残ります。

　あくまでも私見ですが、業務命令をする立場の管理者よりも、人事総務の担当者などが、「在宅勤務では、エクササイズが生産性を高める」といったように、教育的な方法で行うのがよいでしょう。管理者が部下に運動を命じたら、運動が労務になりかねません。

ケース6　テレワークがずっと続いてほしい

　本ケースでは、メンタル不調の傾向を持った社員が、テレワークで対人関係のストレスが減って楽になるという事例を示します。あわせて、仕事のストレスを低下させ、モチベーションをアップする人材管理のつぼである「ねぎらい」について解説し、テレワーク時代にこそ必要な、

上司・部下間の礼儀作法、所作について提案します。

▶ キーワード：愛憎系、ねぎらい、テレワークでの作法・所作

　山下さん（33歳女性）は上場会社勤務で、関東地方の拠点事業所の間接部門に所属しています。正直、在宅勤務がずっと続いてほしいと願っています。というのは、人間関係のストレスが激減したからです。

　彼女は小中学校時代、勉強はできたのですが、口下手なためか、いじめられることが少なくありませんでした。けれども、頑張って県庁所在地の進学校に進み、有名大学も卒業できました。

　入社2年目のとき、ベテラン主任に仕事の質問をしたところ、「そんなことも知らないの！」と言われ、小学校時代を思い出して不眠症になりました。さらには、社員同士がひそひそ話をしていると、自分の悪口が言われていると思うようになり、心療内科に通ったほどです。

　前の管理者からは「君は他人の発言を気にしすぎだ。仕事はできるのだから、もっと自信を持ってきちんと自己主張しなさい」と言われました。そんなこともできない自分が情けなくなり、不眠症をぶり返したのです。

　ところが、コロナ対応によるテレワークによって、出勤は2週間に一度でよくなりました。何よりも主任から嫌味をいわれなくて済みます。いまの管理者は結果さえ出していれば、文句をいわないので、本当に楽になったのです。

　また、山下さんは、チャットの使い勝手がよいことに気づきました。オンライン会議のように相手の顔つきや口調を気にする必要はないし、メールのように前置きや挨拶文をあれこれ考えることも不要だからです。チャットを使うようになり、質問や確認のハードルがかなり下がりました。

　現課長は気さくな人で、少し難しいことはチャットで質問すると、たちどころにチャットかメールで回答がきます。「よく頑張っているよね。質問も増えたね」「君のアイデアは使えそうだ。助かるよ」などと、ねぎらいの言葉をかけてくれるのです。

　在宅勤務で人間関係についての余計な考えが浮かばず、仕事に集中できるようになったのは事実です。そのうえ、課長の<u>ねぎらいで安心し、自信もつく</u>のです。

　いつのまにか夜はぐっすり眠れるようになり、仕事の処理速度も速くなった感じでした。課長とのフィードバック面談では、「在宅勤務で戸惑っている課員が少なくないなか、山下さんはレベルアップしましたね」と入社以来、めったにない高評価を受けました。

解　説

1　愛憎系の人材とは

　仕事はできるけれど対人関係であれこれ悩む、他人の評価（目）が気になる、もともとのコミュニケーション能力はあるのにそれが使えない、本音がいえないという人材は、少なくありません。筆者らは、山下さんのような性格傾向の人材を愛憎系とネーミングしましたが、**図14**のような特徴があります。

　この人材の一部は、子ども時代のいじめがトラウマになっていることもあり、本ケースのように上司や先輩社員が指摘しただけでは変わりません。メンタル不調になることもしばしばで、なかには転職を繰り返す人もいます。

　このような対人過敏の人材に救いとなる可能性を持つのが、テレワークです。もちろん、土台となる仕事の能力が低くては問題ですが。

2　若手の一部は相談が苦手

　傷つくのが怖いと感じる若手社員は多く、質問や相談が苦手です（図15）。

　質問や相談に答える先輩社員は、ただで仕事のノウハウを教え、ある意味では自分のライバルを育てるわけなので、皮肉をいったり揶揄したくなるのも理解はできます。ましてや、このような若手社員が笑顔で

図14　愛憎系の人材の特徴

愛憎系　協調性に問題

☐自分に自信がなく傷つきやすい
☐他人の評価に過敏、どう思われてるか心配
☐ホンネを出さず、ええかっこしい

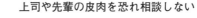

☐人間関係を敵味方でみる
☐苦手な人、嫌いな人がいる
☐非常な負けず嫌い
☐他責的でミスを他人や環境のせいにする
☐相手によって態度が変わる二面性がある

愛憎系の見分け方 ねぎらいやほめが通じない（素直に喜ぶことをしない）

出典：峰　隆之編　鈴木安名、北岡大介著『人事・労務
　　　担当者のためのメンタルヘルス対策教本　2020年
　　　法改正対応版』日本経済新聞出版

図15　相談が苦手な若者

相談が嫌いな若手社員は傷つくのが怖い

上司や先輩の皮肉を恐れ相談しない

・自分で考えてみたの？
・そんなことも知らないんだ！
・学校で習わなかったの？

若手社員の相談に対し、上のような表現を枕詞につけて回答する先輩社員・上司がいます。いわばジャブのようなもので悪気はないのですが、一部の若手社員は、こういわれるのが怖いのです。

それは過剰なプライドの裏返しなのですが。

対策；承認欲求を満たすこと

「ありがとうございます」と反応するならまだしも、愛想のない表情で「あ…どうも」というひと言しかなければ、腹も立つでしょう。

「現代では、上司や先輩社員からの指導教育というサービスには感謝という対価が必要である」といえば露骨すぎますが、一部の若手社員は感謝の言葉でお返しするという礼儀作法とは縁遠いようです。

❸　対応策としてのねぎらい、感謝の言葉

事あるごとに「ありがとうございます」という習慣（癖）を身に付けさせるのは新人教育のイロハで、製造業の５Ｓ（整理、整頓、清掃、清潔、しつけ）における最後のＳです。

ねぎらい、感謝の言葉は、目上の人、目下の人の区別なく、相手の承認欲求を満たす強力なツールです。細かい解説は割愛しますが、現代人には相手から自分の存在を認められたい（無視されたくない）という本能に似た欲求があります。

筆者は15年も前に、ある上場会社の本社で課長研修を担当しました。「若いころに失敗したとき、上司からの救われたひと言は何ですか？」というテーマでグループワークをしました。すると過半数が「失敗したのはつらいね。でも君が頑張ったことは認めるよ」というような、上司からのねぎらいの言葉でした。部下の承認欲求を満たすことは、山下さんのような愛憎系への対応として、非常に強力といえます。

参考書）太田　肇著『承認欲求―「認められたい」をどう活かすか？』東洋
　　　　経済新報社

その後もこのように、部下にねぎらいの言葉をかけることが、メンタル対策やモチベーション向上につながるという話を管理職研修で何度もして、共感を得ました。しかし、必ず出る意見として、以下のＡとＢの２つがありました。

　Ａ　成果を出せない部下を褒めるわけにはいかない
　Ｂ　心にもないことは言えない。自分の身に付いていないことはできない

4 ねぎらいは人材管理の技術

　Aについては、ねぎらいは褒めることではなく、その人の努力や存在を認めることなので、この意見を出す管理職は、ねぎらいの意味を理解していないのです。Bがより問題です。筆者は次のような趣旨のアドバイスをしました。

　「『心にもないことを言う』のが人材管理で、それで労働生産性やメンタル不調が予防できればよいのでは？」。一般に自分の身に付いていないことでも形から入る、壁に向かって、「ありがとう。君のお陰で助かった。頑張っているね」と繰り返し練習すれば、考えなくても口にできる癖がつく、すなわち習慣になります。つまり、人材管理にも設計や製造と同じで技術が必要です。はじめから技術が身に付いていることはまれです。あれこれ、言い訳をせず、まずは練習することが大切です。

　同様に新人や若手社員の一部にも、「緊張して言えない」「心にもないことはできない」という言い訳で、先輩や上司に感謝の言葉をかけようとしない人もいますので、まずは「『はい、ありがとうございます』と言う練習をここでしましょう」と形から入るようにし、つたない言葉遣いでも、必ず「頑張ったね」とねぎらいの言葉をかけましょう。モチベーションが高まります。

5 オンラインだからこその作法、所作

　さらにいえば、**第2章**で述べたようにオンライン会議では、画面上の相手の目を見れば、相手からは目を下に向けているように映るので、プライドの高すぎる管理職や社員は無視されていると感じがちです。1週間もテレワークをすれば、「カメラの位置関係だから致し方ない。相手に悪気はない」と理性では考えるのですが、本能では「私の発言中に、なぜ私の目を見ない！」と感じるのです。このようなオンライン会議の特性についての不満は、プライドのため、口が裂けてもいえませんが、テレハラ、リモハラの種にもなりかねません。

　オンラインだからこその礼儀作法、相手へのねぎらい、感謝が大事に

なるので、ここでもチャットが有効です。"課長、ご教示ありがとうございます。助かりました！"のようなメッセージは、テンプレや登録単語であったとしても、相手は本能のレベルでうれしく思います。むしろ、「感謝やねぎらいの言葉をいろいろな表現で登録するのは、気の利く部下だ」と思うでしょう。さらには、１対１～３ほどの少人数のオンライン会議では、終了時、頭を下げる、手を振るという非言語コミュニケーションが役立ちます。

　オンラインだからこそ所作、立ち居振舞いが大事といえましょう。

ケース7　イメージと違う！

　少し長くなりますが、コロナ時代における新人の陥る典型的なケースを基に、与えられる業務や新人研修への不満、離職希望などの傾向と対策を述べていきます。

▶ キーワード：リアリティーショック、仕事の見下し、若手情報交換会

　佐々木さん（23歳女性）は、第１志望のメーカーに就職できました。健康、美容、スポーツ関連も含めたエンドユーザー向きの商品を製造販売している会社です。テレビコマーシャルは多くはないですが、おしゃれでなおかつ堅実なイメージです。インターネットで就活のサイトをみれば、若手社員がばりばり活躍するシーンが目立ちました。

　配属先も希望していたマーケットリサーチ関連です。本当に飛び上がって喜びました。しかし、職場は本社からかなり離れていました。何よりも、毎日、延々とお客さまアンケートの入力作業ばかりなのです。はじめは、ウェブ上で入力されたデータを処理する仕事と思っていましたが、全然違います。

　ときには、はがきに記入された内容をスキャナーで取り込んだデータから入力し直します。自由記載の欄には、選択式の項目とは矛盾した記載があって、どちらが本当なのかわかりません。

　そして、佐々木さんの部署は在宅勤務でしたが、定期的な出勤日があ

るのではなく、月３〜５日をまとめて出勤するという方式でした。

１ 単純作業と感じる

「もう、単純作業ばかり。私がやるべき仕事ではない！」と、自宅の
ワンルームマンションでノートパソコンに向かって叫んでしまいます。
それほどイライラしていました。

オンラインの採用面接は30分あるかないかで、きれい事だった、話が
違う！と思い返します。オンライン会議でもっとやりがいのある仕事を
させてほしいと、直属上司のグループリーダーに２回ほど訴えましたが、「新人はそこから始めるんだ。会社の仕事に雑用などない。そのうち意味がわかる」とまくし立てられるだけです。

２ 出勤日でのファイル化で残業

佐々木さんは「イメージと違って、パワー系の会社だ」と痛感します。そのうえ、出勤日には手書きのアンケート用紙やはがきをスキャナーにかけてファイル化する作業の連続で、残業も２時間は軽く超えるのです。オンライン会議もひどいものです。アラサーの男性同士が、怒鳴り声みたいな大きな声で、延々と議論を続けています。グループリーダーはそれを放置するだけでなく、笑って見ているのです。

佐々木さん以外の女性は10年近い先輩のみですが全然発言せず、うつむいて会議を無視し、自分の仕事をしている様子です。

３ オンライン研修に不満

さらに心の叫びは続きます。「話が違う、全然違う！」と。思い起こせば、オンライン研修も役に立っていません。

役員やコンサルタント会社の人が、業界の動向や、景気の先行きの話をするだけでした。〈報連相が大事〉というテーマの動画がありましたが、一般論ばかりで、いまの彼女の問題を解決するには程遠い内容でした。

4　コロナで孤立

　佐々木さんは、お盆休みも、実家の家族からは「コロナだから、帰省は我慢して」と言われました。大学の同期たちとはSNSで通話するけれども、皆、自分のことで手一杯です。食事に誘っても、あれこれ理由をつけて断られました。

5　問題解決としての退職と若手情報交換会

　いろいろと悩んだ末の8月末、不満とイライラのあまり、退職願を書いたら、すっとしたのです。

　ところが、次の日、佐々木さんあてのTOメールがきました。いつもCCばかりだったので違和感もありましたが、次の出勤日に、入社2年目以下の若手情報交換会を開くという企画で、終業後の自由参加です。これがだめなら退職願を出そうと思い、半ば好奇心もあって参加しました。

　新人3人と2年目5人の合計8人が、4人ずつ2つの班に分かれて、討論をするというのです。テーマはなんと「会社にひと言いいたい！」というものでした。どうせ、きれい事だろうと、期待はしていませんでした。しかし、司会が上手なためか討論が進むにつれて不安、不満が続々と出てきます。

　それらにアドバイスするのは、サブリーダー（係長格）の若い女性でした。ありきたりの一般論でなく、会社の実態に即した現実的なものでした。

　「皆さん、本当に大変ななか、頑張ってきましたね」と優しいかと思えば、「社会と会社の現実は、こんなものです。あきらめるとか、割り切ることも必要です」という厳しい発言もあります。

　2時間もの討論会があっという間に終わりました。佐々木さんは、サブリーダーに言いました。「一度ゆっくりお話を聴きたいのですが」。

　サブリーダーの自宅に招かれ、深夜までいろいろと話しました。

　「つらかったよね。コロナでいつもの新人育成の仕組みが動いていな

い。もともとうちの会社は面倒見のいい人が多いんだよ。佐々木さんのグループリーダーは口下手だけど優しい人だからね」

だんだん様子がわかってきたので、おそるおそる退職したい意向を述べました。「とりあえず、３月まで様子をみたら？　期中退職では履歴書を書きづらいでしょ。退職はいつでもできるし。私も止めない。決めるのは佐々木さんだから」

真っ向から慰留されると思いましたが、佐々木さんの意思を尊重してくれる、いまの気持ちになじむものでした。

それから半年後、佐々木さんはとりあえず働いています。月に一度の若手情報交換会（隔月でオンライン）にも欠かさず参加しています。

かつては単純とも思えた入力作業でしたが、他の社員の話を聞くうちに、いまでは欠かせない重要な仕事だと思えてきたのです。

解説

1　リアリティーショックが大きい

第２章で述べましたが、2020年以降の新卒者は、大学の講義や就活そして採用面接に至るまで、オンラインの連続です。

対面面接であれば会社を訪問しますが、オンライン面接では現場に足を運んで見聞きした情報がありません。たとえば会社のトイレがきれい、若手社員がさっそうと歩いている、でも疲れた感じの社員もいる、会社ビル１階にはコンビニがあるなどの周辺情報です。オンライン採用面接は対面のそれとは違い、時間が短く、面接官からの質問が中心で、応募者が質問する時間が少ないのです。

したがって、会社のイメージがわきにくく、テレビやネットのCMや就活情報のイメージ中心で入社しがちです。

これらの情報は会社の理想的な側面を描いているため、現実の職場で、実際の仕事に従事してみると、内定までに抱いていたイメージとの大きなギャップを感じて、それがストレスになります。たいていは現実

の職場に落胆することになり、「こんなはずではなかった、他社は違うはず」と簡単に離職の流れになりかねません。

❷　仕事や上司を見下すことも

　特に、余裕のある家庭でちやほやされて育った新人は、妙にプライドが高く「低レベルの仕事しか与えられない」と思いがちな半面、「こんな仕事もうまく処理できない自分が情けない」と勝手に落ち込む場合もあります。本ケースのようにテレワークで、きちんと仕事の意味や目的を解説しないとそうなりがちですが、解説したところで経験抜きには理解できないことも多いのです。

　また、テレワークの有無を問わず、新人・若手社員の一部では、失敗や成功という苦労を通じた真のプライドではなく、根拠のない有能感（仮想的有能感）しかないので、<u>他人や与えられた仕事を見下さないと自分を保てない人もいます</u>。

　参考書）速水敏彦著『他人を見下す若者たち』講談社

　そういう仮想有能感の新人・若手社員は基本的にコミュニケーションも苦手で、テレワークにフィットしない場合もありますが、本ケースで示した若手情報交換会のような取組みが効果的です（**第5章　Q11**）。

❸　お客感覚の新人、口を出す親

　また、先輩社員や上司が仕事を教えてくれない、という不満を持つ新人もいます。スキルや技術というものを軽く考えていて、「ノウハウやコツを教えてくれさえすれば、自分にもできるはず。教えてくれない会社や上司が悪い。出し惜しみだ。こんなつまらない仕事ばかりさせるのは、新人の自分を軽視している証拠だ」などと半ば逆恨み的に考え、親に不満をいう新人もいます。

　かつての受験勉強は、試行錯誤してノウハウを身に付けていきました。その後、教育産業が発展し、効果的な受験教育がなされ、最近では浪人などせずに、推薦やAOで入学した人も多くなっています。またペーパーテストにはそもそも正解があり、学校や塾で解法（解き方）を教え

てもらえば、正解に至ることができます。先に述べたような不満を持つ新人は、仕事もペーパー試験と同じに考え、解き方すなわちノウハウを教えてもらえば問題解決が可能、という幼稚な発想を持っています。

　また一部の親は、現実の社会の苦労を知らせず、子どもを特別扱いしてエリート、勝ち組になるよう誘導します。そのうえ、お受験をはじめとして、かなりの教育投資をしてきたので、親自身に投資に見合った成果を回収したいという妙な権利意識があります。

　すぐに役立つ方法を教えてくれない塾の講師にクレームをつけるように、自分の子どもに仕事をきちんと教えてくれないと、<u>人事などに文句をいう親もぼちぼち登場しつつあります。</u>

　親子関係が歪んでいて、過干渉の親—親に依存する子（新人・若手社員）、そして、この依存関係が嫌で自立したい、でもできないと苦悩する子（新人・若手社員）という構図がみられます。

　新人研修の改善策は**第5章のQ11**で述べますが、動画によるオンライン研修は一方通行になりがちです。実際に従事している仕事の問題解決につながらない教養的コンテンツや、失敗や成功を通じたOJTで身に付けるべきスキルを羅列して解説するような、お仕着せの内容には要注意です。

4　ストレス解消の機会の減少

　コロナで会食などが自粛になり、ストレス解消の機会が減っています。実体験の乏しい新人は孤立して否定的な面ばかり見ることになります。社員同士の連帯感、とりわけ新人同士の横のつながりを保つうえで、本ケースに示した若手情報交換会のような取組みが有効となります。

5　新人の退職の意向への対応

　これには、ストレートな慰留より、本ケースのような本人の意思を尊重する話し方が、自立を促す点でよいでしょう。

ケース8　確認電話が増えた

　本ケースでは高年社員における、グループウェアに関連したITリテラシーの課題と、年上部下問題について述べます。

▶ キーワード：**グループウェア、ITリテラシー、年上部下**

　中堅の情報通信産業で、課長をしている中条さん（38歳男性）は、在宅勤務になって、得をした気分です。片道90分の通勤がなくなり、休日出勤も禁止という通達が会社から出ました。

　1年ぶりに趣味のゴルフに行ったところ、体力低下が身に染みたので、筋トレを始めました。2カ月もしないうちに腹筋と背筋が強化されました。本当にテレワークになってよかったと思うのです。

■ 過去にお世話になった元上司の年上部下

　でも、中条さんには1つ気がかりなことがありました。それは新人のときの上司（当時課長）で7年もお世話になった新田専任部長（59歳）が、前年、中条さんの課に配属されたことです。

　専任部長は品質管理と若手社員の教育の仕事を担当するだけでなく、非常に難しい仕様部分の製作（プログラミング）まで参加してくれます。

② ITリテラシーの問題？

　問題は、専任部長が、テレワークになってから頻繁に電話をしてくることです。進捗や工数の管理などのグループウェアを見れば確認できるものも多いのです。仕事への高い見識、いまも現場仕事のスキルを維持し続ける、元上司の意外な側面が残念に思えます。専任部長がグループウェアを使えないはずはないのに、なぜだろうかと不思議でした。

③ いまでも上司？

　1対1のオンライン会議で、そのことを専任部長にほのめかしたとこ

ろ、上司時代の表情になって言われました。「これがITリテラシーの世代間断絶だ。グループウェアは使えるが、好きではないし面倒くさい。若いころから大事な用件はいつも電話で確認してきたし、その習慣は、いまさら変えられないものだよ」

解 説

考えさせられるケースです。テレワークの有無にかかわらず、年上部下問題は現代の管理職にとって、最重要な課題とはいえないまでも、ストレスフルで微妙な問題を含むものです。

テレワークによって、この問題が変容、増幅されるリスクがあります。

1 年上部下問題

ここでは年上部下を持つ課長の悩みを整理し、打開策を示します。そのポイントは、課長がこの問題を抱え込まないことです。プライドや支配欲など本能的な感情がかかわることですので、正論や建前論が通じるとは限らないからです。

部長などの上級管理職にかかわってもらい、指示命令や人事権を代行してもらうこと。そして、課長である自分の背後には部長が控えているということを相手に理解してもらうことです。

(1) 船頭2人状態

役職定年も過ぎたのに、いまでも課長の感覚で働く。成果を出してくれるのはよいけれど、自分が若手社員を取り込み、課全体の指揮命令系統が2つになる、課長をライバル視する、さらは現課長を無視してマイペースで働くなどの困った人間関係です。このなかで、指揮命令系統が2つになるのが最悪な状態です。

打開策：課長はこの問題を絶対に抱え込んではいけません。必ず上級管理職にかかわってもらいましょう。管理職は上級管理職と常時情報交換し、場合によっては上級管理職に人事権を行使してもらう必要があり

ます（異動など）。

⑵　悩ましい人事評価

　課長とはいえ、年下の自分が先輩の人事評価をするのは、実にやりにくいことです。甘くつけるのは問題だし、ありのままを評価すれば、へそを曲げられ、やる気をなくすおそれもあります。

　打開策；年上部下に対する人事考課について、課長は部長などの上級管理職にお願いし、その旨を年上部下に明確に伝える。

⑶　スキルの陳腐化とソフト怠業

　年上部下は古いやり方で仕事を進め、それにこだわることが多いものです。

　もちろん、陳腐化した手法でも結果さえ出してくれればよいのですが、そうではない場合、仕事を任せられなくなります。すると相手は「仕事を干された、メンツをつぶされた」と思い、課長をライバル視して事態はこじれていくでしょう。

　そこまでいかなくても、年上部下が、「自分はもうこの年ですから、一人前の戦力としてあてにしないでほしい」とソフトに怠業されるのも困ります。

　しかし、テレワークのシステムが不完全であると、点検・監視の目が行き届かないし、情意評価も困難になります。オンライン会議では頑張っているふりをして、実際は手抜きしてもばれません。「生意気な年下上司の下では、ほどほどに働こう」というソフト怠業を目指せば、とりあえずはばれないのがテレワークです。

❷　年上部下対応

⑴　年下部下には役割を与える

　年上部下には、その人の現在のスキルに見合った役割をお願いするとよいでしょう。納期締切が長く、利益に直結しなくても必要な間接業務、

たとえば若手の教育やマニュアル、手順書、各種規程の作成などがよい
でしょう。モチベーションも上がりやすいからです。

　ただし、新たな役割を与える際の発令と理由づけは、上級管理職が行
います。

(2)　関係改善のためのフレーズ

　年上部下問題に限らず、課長は彼らに対しては礼儀をもって接するこ
とが必要です。部下たちのいる場で、次のようなフレーズを使うとよい
でしょう。

年上部下との関係を改善するフレーズ

①ご指摘のとおりです　②勉強になります　③さすがは○○さんです
ね　④ご教示、ありがとうございます　⑤また教えてください

　<u>仕事の目的は自分のメンツを保つことではなく、業績を出すこと</u>で
す。年上であろうがなかろうが、部下の業績は管理者の自分の業績とし
て積み上がることを忘れてはなりません。

(3)　ITリテラシー問題

　本ケースのように社内のグループウェアを使えない、使わない年上上
司も少なくありません。その結果、電話とメールが増えます。グループ
チャットの代わりに格式張った表現のCCメールが届きます。

　どの時代、世代にも、ITリテラシーの格差はあります。そもそも通
常勤務ではホワイトボードにカラーのマグネットを貼ったり、サインペ
ンで記入したりすることで、仕事の進捗状況や、出張、年休など社員の
動向を表示していました。それがテレワークではグループウェアに置き
換わります（**図16**）。

　しかし、グループウェアを使わない年上部下にとっては、本ケースの
ように課長に電話やメールで確認することに置き換わるのです。リテラ

シー教育も、結局は相手次第の場合が多いのです。

グループウェアが重要な業務

① 受注、売上げ、利益に直結する業務

② 短納期、仕様の変わりやすい業務

③ 割込み、飛込みなど非定常業務が多い領域

④ 出張や在宅であっても顧客対応が多い領域

⑤ 同時並行の仕事（プロジェクト）が多い領域

打開策；年上部下のITリテラシー問題は割り切るほかない

　製造業でいえば、納期やコストにかかわる進捗管理、工数管理、広くは生産管理などの業務では、グループウェアが不可欠かつ有用です。一方、人材育成や技能の伝承（マニュアルや規程の作成）は納期やコストに直結しないため、グループウェアの役割はあまり大きくないでしょう。

　新人教育の名目で、新人－高年齢層社員の間でチャットをする、オンライン会議で雑談をするなどの取組みをするとよいでしょう（**第5章Q11**）。

図16　情報共有はグループウェアで

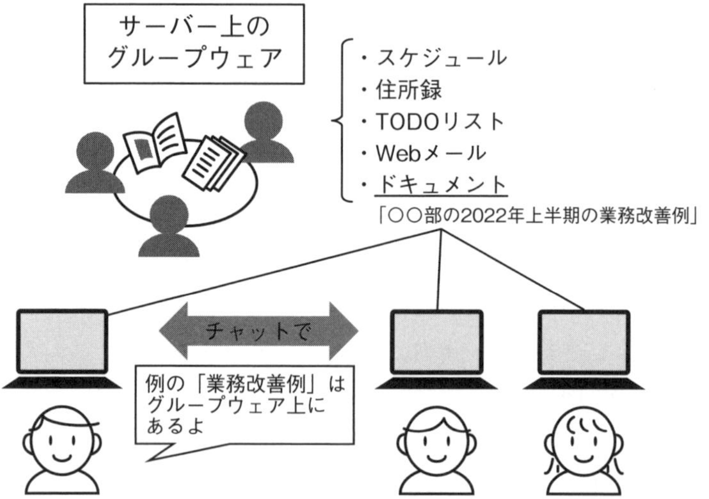

第4章

座談会「テレワーク下における企業のメンタルヘルス課題と実務対応」

鈴木安名
（産業医）

峰　隆之
（弁護士）

西　賢一郎
（産業医）

北岡大介〈司会〉
（特定社会保険労務士）

　本章では、テレワークのなかでも最も大きな課題の1つであるメンタルヘルス対策について、現状と課題、そして今後の取りうる実務対応について、4人の筆者がそれぞれ医療と法律の専門家としての立場から、座談会形式で議論した内容を紹介する。

> ### テレワーク下における企業のメンタルヘルス課題と実務対応

北岡（司会）　テレワーク環境下の労務管理における難しい問題として、メンタル不調の把握をどうするか、という点があります。鈴木先生は以前から、わかりやすく、実務的に有意義なメンタル不調の判断基準として、「ケチな飲み屋サイン」を提起されています。最近では、メンタル不調の把握方法に変化はあるのでしょうか。

鈴木　「ケチな飲み屋サイン」は、客観的にみられる「ケ」（欠勤）、「チ」（遅刻・早退）、「ナ」（泣き言・不満）、「ノ」（能率の低下）、「ミ」（ミス）、「ヤ」（辞めたいという）を標語的にまとめたものですが、なかでも現在、重視すべきものは「ケ」「チ」「ノ」サインです。そのため、メンタル不調を把握するためには、勤怠のチェックがポイントとなります。

西　「ナ」については、最近は人に悪く思われたくないと考える人が多くなりましたから、泣き言をいう経験がないのです。泣き言を人にいっていいのかどうかもわからないのです。ですから、周囲が何らかのサインに気づかない限り、本人のメンタル不調がわかりにくくなっていると思います。

❶　ログ記録による「ケ（欠勤）チ（遅刻・早退）」の把握

北岡　テレワーク環境下の勤怠において、具体的にメンタル不調のサインはどのように表れるのでしょうか。

鈴木　パソコンの接続時間がそのまま労働時間になるとはいえないとしても、具体的な事例をみると、ログインが遅れるケースが出てきます。つまり、メンタル不調によってパソコン自体を立ち上げられないのです。

実際に社員がパソコンを立ち上げ、インターネットで会社のポータルサイトやグループウェア等にアクセスし、自分のIDとパスワードを入力するという手続きは、複雑で面倒なものです。ログインが遅れる社員は、最後のパスワードを入力するところまでたどり着く気力がない、集中力がないということが明確になるのです。

北岡　ログ記録が労働時間の状況の客観的な把握方法の1つとして有効な手法であるといわれていることは論を待たないと思いますが、リアルタイムで上司がログ記録を確認できるか、という問題があります。月末になって上司が初めてログ記録の乱れに気づく、といったケースです。

　管理職が勤怠に関心を持っていない場合は結局、本人の申告を受けるだけで状況を放置してしまい、結果としてメンタル不調が悪化してしまうという懸念はないでしょうか。

鈴木　中長期的な目標を掲げて業務を遂行している会社では、上司が部下の勤怠に無関心であったら仕事になりません。仮に部下の数が多い課長がいれば、その下位の監督者に委ねる必要があります。業務命令を出す人間としては、勤怠に無関心ということはありえないと思います。すべてを本人の裁量に委ねてオートメーション化することはできないでしょう。

北岡　テレワーク下だからこそ、上司が部下の勤怠を放置しやすくなるという面はないでしょうか。

鈴木　テレワークで部下の勤怠を放置する管理職は、通常勤務でも放置するはずです。つまり、目的意識を持って部下をみている管理職、業務管理・進捗管理についてマネジメント能力のある管理職は、部下を放置しません。テレワーク下でも、部下の業務が進んでいなかったらオンラインで確認するはずです。

峰　オンラインでないリアル職場であれば、始業時刻に全員が揃っているかを管理職が瞬時に認識できるのに対し、テレワークの場合、パソコンの立上げ時刻を個別にチェックするのは一手間も二手間もかかるように思いますが。

西　先ほどの、月末になって初めて勤怠の結果が判明するという懸念に

対しては、勤怠管理システムで上司が毎日の承認をすれば対応できます。ログインとログアウトの時間は翌日にわかるので、通常と異なる時間があれば、すぐにわかります。

北岡　自己申告とログ記録をみて、ギャップがあれば、上司が確認するわけですね。

西　システムによっては、「ステータス」というものが表示され、部下の1人ひとりが作業中なのか、会議中なのか、不在なのかといった状況が色で識別できるようになっています。

　ただし、会社のパソコンを貸与する場合と個人のパソコンを使う場合では、勤怠の把握内容に違いが出てくる気がします。会社のパソコンであれば、勤怠については記録ができますが、個人のパソコンでは難しいという面があります。

峰　なるほど。最近の勤怠管理システムの技術的先進性には目を見張るものがありますね。

鈴木　あわせて、欠勤時には必ず電話連絡を義務づけるなど、テレワーク下では勤怠の約束事を設けておくとよいでしょう。

❷　チャットの活用による「ノ」（能率）の確認

北岡　能率の確認については、具体的にはどのような方法が有効なのでしょうか。

鈴木　能率との関係でいえば、チャットを利用すれば進捗報告を定型的な様式で徹底できます。たとえば、30〜60分おきに進捗状況や離席予定、作業の中断や休憩時間を報告してもらうのです。メールはやや煩雑になりますので、チャットがお勧めです。チャット機能の付いていないソフトウェアを使用する場合には、メールで代替できます。

北岡　能率について、チャットでリアルタイムに確認することで、出社時より精度の高い業務管理が実現可能だということでしょうか。

鈴木　私がチャットに着目したきっかけは、電気製造業の上流工程の技術営業職にメンタル不調者が出やすいという現実があったことです。そ

こでの仕様決めという業務は複雑で細かく、メンタルヘルスに負担が大きいため、他の産業医から勧められてチャットを使ってみたのです。そうすると、業務の効率化だけでなく、進捗管理にも有効なツールだとわかりました。

西 チャットは、確かにリアルタイムで便利ですが、ルールを決めないとやり取りが続くばかりで終われなくなるという面もありますね。突然、部下から上司にチャットで連絡がきて、対応しなくてはならないわけです。上司が翻弄されてしまうという実態もみられます。

峰 確かにチャットは儀礼的な感じが取り払われて便利ですが、その一方で上司がその対応に追われるようになっては本末転倒ですね。上司としては、「これはチャットレベルで解決できそうもないな」と感じたら、意を決して質問してくる部下に電話をかけて、そのなかで問題・課題を解決してあげるような対応が必要かもしれませんね。

③ 顔認証による不調の把握

鈴木 一方、テレワーク下では、「ケチな飲み屋サイン」とは別に、部下の表情による不調の把握に苦慮している管理職はいます。たとえ表情に異変が表れていても、パソコンの小さな画面では細かいニュアンスが把握できません。実際、産業医としてのカウンセリングの現場でも、オンラインで双方が同時に発声した場合、聞き取れなくて間が開いてしまい、面談が中断してしまうといったケースがあります。リアルの面談のように、譲り合って話を継続することができなくなるからです。

峰 AIによる顔認証と能率チェックのリンクはありえるのでしょうか。

鈴木 それはありえますね。最近では、眼球の動きで集中力や判断力をみる方法も研究されています。ただし、実際に運用すれば従業員の反発は強くなるでしょう。あるいは、センサーそのものを直接・間接に労働者に装着させ、ブルートゥースで工場内の動きを把握・監視して、おかしな点があれば作業長が声かけをするという方法も実施されていますが、従業員としては抵抗がありますし、費用的にも難しいといえます。

峰　では、AIによる顔認証でメンタル不調は把握できないのでしょうか。

鈴木　カメラによる顔認証は顧客対応で使用している企業もあります。顧客トラブルを避け、業務を効率化するためにクレーマーなどの特定人物を同定するのです。ただし、精神状態を顔認証で判断しようとすると、偽陽性が出やすいという実態もあります。結局、メンタル不調を把握するには、勤怠チェックのほうが早いのです。

　表情については、最近の人たちは他人に迷惑をかけたくない、周りから仕事ができない人間と思われたくないという気持ちが強いですから、本人は演技をしますし、つくり笑いもするのです。現状では、表情の真相までを分析できるカメラはありません。

北岡　最終的にはフェーストゥフェースによる上司・部下の面談が必要だということですね。

鈴木　テレワーク下において、週1〜2日の出社日があれば、管理職は部下対応を最優先させる必要があります。月に1回程度の出社日であれば、オンラインで睡眠の状況等を聞くとよいでしょう。その場合、パソコンのログ記録を保健師にデータで送っておき、保健師が社員とオンライン面談をすると効果的です。ログ記録は個人情報保護法の要配慮個人情報ではないので、保健師と共有することができるのです。

峰　大変参考になります。鈴木先生が提起されている「ケチな飲み屋サイン」も、オンライン上でキャッチするなど望むべくもない「職場における些細な行動」ですし、やはり、メンタル面の管理はオンラインのみで対応できないと考えるべきだと思いました。

④　ハイリスク者に絞った管理

西　テレワーク下では、上司が部下のメンタル不調に気づかないとしても、周りの他者が気づくという場合があります。たとえば、体調の悪い直属以外の社員を管理職から産業医に報告してもらうようにすれば、部署内で頻繁に名前のあがる社員が出てきます。産業医としては、「あいつはどうも風邪ばかり引いているな」と、就労パターンの異変に気づく

ことができるのです。在宅勤務の場合にはそのまま経過観察ができるというメリットがあります。要するに、何らかの管理や観察をするにしても、要注意人物に絞ったほうが効率的だということではないでしょうか。

鈴木 そうですね。一般論では、だれでもメンタル不調になる可能性があるとはいっても、常にハイリスク者は存在しているのです。具体的には休業歴や通院歴等のある社員です。

産業保健職が機能している事業所では個人のデータがあり、リスク状況は健康管理室レベルで把握できています。オンラインで、ハイリスク者の勤怠データを基に、産業保健職が所属長を通さずに面談を行います。中途採用者や職種転換を伴う昇格をした社員など、適応障害になる可能性のある人はわかるものです。

社員全員ではなく、ハイリスク者に絞ったチェックというアプローチは、1つの有効な選択肢だと思います。

西 そのほうが不調者の発見につながる確率は高いといえます。一方で、これまでまったくメンタルに問題のなかった社員が、テレワーク下で異動してきて、業務内容も理解できないまま上司から放置され、3カ月でダウンしたという例もあります。しかし、多くのケースでは、具体的に注意を要する対象者は明確にできると思います。

私は産業医として、中途採用の社員とは必ず面談をしています。本人には、自社の産業医のことを知ってほしいといいますが、実際にはどのような経緯があって入社した人なのかを確認しています。あくまで、産業医としてのチェックが目的ですから、人事部には面談内容を伝えません。

北岡 産業保健職が、社員との長年の関係性のなかでメンタル不調を把握しておくとともに、ハイリスク者には個別対応をするわけですね。

峰 先生方のような「産業医面談の達人」が発見してきた暗黙知を、本書のような形で世の中に知ってもらえれば、労働者にとっても企業にとっても福音となるように思います。

5　サインに気づかず放置する上司への対応

北岡　一方では、現実問題として勤怠管理や労務管理の重要性が明らかになってきたのに、上司が部下のおかれている状況を放置してしまうケースもみられます。

鈴木　そうですね。上司が放置している間に、病気が進行してしまっているケースが少なくありません。上司が放置した結果、メンタル不調による欠勤が増えたり、パソコンを立ち上げられず成果物が出ない状態が続くというのは、大きな問題です。

北岡　出社を前提としていたなかでの過労自殺のケースでは、もともと部下の勤怠に無関心な上司が、アウトプットを期待できない部下をほうっておいた結果、部下が自殺してしまったという事案がありました。在宅勤務の下では、そのリスクが高まるのではないでしょうか。

峰　2000年の有名な最高裁判決でも、上司が部下の不調に気づいていながら、業務の量を調整して減らすことなく、深夜まで会社に居残らなければ仕事をこなすことができないのであれば、朝早くきて仕事をすればよいと、非情なアドバイスをしただけで、かえってその後仕事量が増加して労働時間が増えて自殺してしまったという事案につき、上司には業務量を調整しなかった過失があると明確にコメントされていますね。

鈴木　通常勤務のときも同じですが、上司が部下を放置している実態をどうチェックするかという議論は水掛け論になってしまいます。結局、安全配慮義務を適切に尽くしていないという問題ですから、部下管理をしない管理職については、人事評価を通じて対応すべきです。

北岡　テレワーク下だから上司が部下を放置する、というわけではないということですね。

鈴木　本質的には通常勤務の場合もテレワークの場合も同じで、社員のメンタル不調は一気に悪化するわけではありません。ですから、テレワーク下でも、たとえば5分の朝会の仕組みをつくることが先決でしょう。15〜16人の部署であれば、オンラインでの朝会は有効です。そのう

えで、ログ記録の乱れが生じている部下が放置されるという状況は、管理職の能力の問題です。

　そのような場合には、社員のログ情報を開示して、保健師もしくは人事担当者がチェックすれば問題を防げます。つまり、時間管理を上司だけに任せないことが重要です。たとえば、部下の欠勤が30日も続いてようやく上司が健康管理室に報告してくるといった事態は論外です。会社として、管理能力に欠ける管理職をサポートする仕組みが必要です。

西　確かに、アウトプットをあてにしていない部下が欠勤した場合に、上司が「また休んでいるぞ」で終わってしまうケースもみられます。管理職として、欠勤自体が問題だという認識に欠けているのです。管理職への教育研修が不十分なため、部下の様子がいつもと違うときに、どう対処すべきかを理解していない管理職が多いのではないでしょうか。

　人事部としては、欠勤が多すぎて年休がなくなるような部下がいたら報告するよう、管理職に要請したほうがいいと思います。

6 　求められる人材レビューの視点

北岡　通常勤務であれば、隣の部署のメンタル不調者に気づく管理職がいるのでしょうが、テレワークではラインの縦関係でしか部下が見えません。上司と部下の閉じた関係性のなかでは、メンタル不調に気づかれない状況が続いてしまうことになります。

鈴木　部下が15人を超える場合は、上司による点検機能の点で人員構成の見直しが必要です。部下が2〜3人の課長であれば、次長や部長を交えて、対応を産業医とともに検討するようにします。

西　テレワークでは、自分の組織のなかだけしか見えなくなってしまいます。複数の部署が参加する会議が頻繁に開かれている組織では、お互いに他の社員の不調に気づきやすいのですが、一部署だけでの会議では、その機会がないでしょう。

鈴木　産業医、総務部長、直属上司、その上位クラスの上司で情報共有をしながら議論するという、人材レビューの仕組みが効果的です。部長

クラスは、意外と他部署の社員のことも見ています。ふだんから、「最近、あいつは少し様子がおかしいぞ」と気づいているのです。

　その意味で、企業における安全配慮義務の担い手としては、課長クラスだけでなく、部長クラスも含めるべきだと思います。

（注）人材レビューとは
産業医が各種面談などで気になる社員の情報について本人から包括的同意を取り付け、使用者（上司の課長および部長、人事総務系の部長）と情報を共有する手法。ラインのケアがかなり強化される。鈴木安名「メンタルヘルスの『くろうと問題』―情報共有と目標設定による不調者の人材管理」（『労務事情』2016年8月合併号〈No. 1323〉36～48頁）も参照されたい。

北岡　安全配慮義務の担い手を課長クラスとみなしがちですが、まさに実態としては、直属上司である課長クラスだけでなく、隣の課長や部長も含めて社員の健康を守る必要がありますし、これまでは守れていたのだと思います。

峰　直属上司である課長だけに負荷をかけるのではなく、その上司である部長も安全配慮義務の担い手という認識が必要ですね。ただ、隣の課の課長・グループ長まで法的な義務を負うかどうかは別だと思いますが。

鈴木　その点でいうと、テレワークでは、産業保健職の役割が重要になります。部長とも課長とも連携が取れるからです。管理能力は部長と課長とでは大きく違いますから、部長が人材レビューに加わると効果は大きく異なってきます。つまり、部長が対応を即決できるのです。業務命令権をだれが持っているのか、予見可能性に基づく安全配慮義務をだれが負うのかが重要なのです。

　他方でテレワークでは、ふだんは席が離れている部長と課長もオンラインで情報共有をしやすくなった面もあるといえます

北岡　メンタルの状態が心配な社員を見守るという意味ではテレワークは頼りないが、管理職同士での情報共有はしやすいということでしょうか。

西　これまでは物理的に距離があって顔を合わせられなかった管理職が、チャットで「ちょっといいか」とすぐ相談ができます。管理職同士

で情報共有がしやすくなり、いわば社員のメンタル状況を見る目が手厚くなったといえます。

7 管理職の役割変化

北岡 これからの管理職には、そのような役割が求められるということですね。

西 オンラインが当たり前になり、管理職もそれを前提とした対応から逃げられなくなりました。

峰 部長クラスによる社員のメンタル状況のチェックがルーティン化することが重要になってくると思います。これまでのような出社して顔を合わせるという関係が断絶したわけですから、健康状態の把握義務を定量化した指針を厚労省が示すべきでしょうね。これまでは、出社を前提とした健康把握義務でしたが、テレワークを前提とした健康把握義務の必要事項があるはずなのです。

　少なくとも複数の職場がある事業所であれば、管理職同士の相互チェックといった仕組みが促進される必要があります。

北岡 直属の管理職だけでなく組織全体が勤怠管理を含めて、社員の健康状態をどうチェックするかということですね。

峰 企業としては、管理職による健康状況を把握しなくてはならないわけです。

鈴木 プレイングマネジャーである課長に対して、部長に労務管理を担ってもらうという視点が求められると思います。労務管理機能を部長に与えれば、総務部長と部長同士の立ち話で未然防止ができるのです。「あの社員はどうなった？」「もう受診させました」というわけです。そうすると、産業医が必要なくなります。

西 そういった好事例が紹介されるといいですね。部長が動いたほうが早いという気づきがあったのだと思います。

鈴木 これまでは規模が大きくて集まれなかった職場が、オンラインで集まりやすくなった面もあります。メンタルヘルス教育を管理職にオン

ラインで実施したら、受講率が高くなったという例があります。

西 オンライン研修では、受講する側も必要な部分はきちんと見るようになりますね。

北岡 メンタルヘルスに関して、厚労省はラインケアを推奨していますが、部長も巻き込む形での取組みはラインケアに含まれるのでしょうか。

鈴木 それはラインケアに含まれますね。

西 ただし、直属上司がプレイングマネジャーになっているという点で、厚労省が示すラインケアの考え方は現実とずれていると思います。もっと広い意味でラインケアを捉える必要があるのです。

8 テレワークとストレスチェック

北岡 ストレスチェックとテレワークは、オンラインでできるという点で親和性があるため、テレワーク下でこそストレスチェックの意味があるという議論もあります。

鈴木 ストレスチェックは、人事部門と産業医がメインでラインケアが後方に下がってしまっています。厚労省の「4つのケア」という発想は素晴らしいのです。ただし、安全配慮義務の担い手は業務命令を出す管理職ですが、現実には部長と課長が一体となって業務命令を出すわけですから、直属上司だけが責任の担い手になるというラインケアの発想はおかしいのです。

　安全配慮義務の担い手を明確にし、組織の規模に応じて、労務管理の担い手を明確にするという議論は非常に意義があると思います。

北岡 組織的なラインケアの機能を高めていくというわけですね。

鈴木 ストレスチェックによる面談は、高ストレス者のなかから申し出た人との面談なので、もともと労務管理が機能していない会社で、不満を持っている社員が労基署に持ち込む際の材料として利用されるケースも少なくありません。本当のメンタル不調者は、産業医面談を受けたくない人が多いのです。

西 たとえば、テレワーク下の出向先でかつ異動となった社員が高スト

レスになり、ストレスチェックで判明したという例はあります。ただし、テレワーク下でストレスチェックが一層活用されるようになったということではないと思います。

北岡 ストレスチェックは、テレワークで放置されていた社員の高ストレスが明らかになって、早期に対応できたというのが理想のケースというわけですね。

西 確かにオンラインで回答しやすくはなったと思います。ただし、ストレスチェックは、そもそも本人が悩んでいないときに受けても高ストレスという結果は出ません。たとえば、年度の上期早々にチェックしても問題ないという結果になりがちなのです。

鈴木 ストレスチェックは、ラインケアではなく、セルフケアのためのツールなのです。高ストレス者の産業医面談では効果が上がらないこともありますが、オンラインで相談窓口を設け、高ストレス者には自己判断でカウンセリングを受けてもらう、という流れをつくるなら、有効だと思います。自主的に保健師・看護師の面談を受けてもらうよう、周知させるわけです。

峰 高ストレス者の面談について、３月にチェックして自己採点で高ストレスという結果が出て、４月に面接を勧めたものの、受診せず、９月に自殺してしまったというケースがあります。長労働時間による負荷ではなく、後輩の指導などが新たに増えたことによるストレスが原因でした。結局、ストレスチェックは本当に対応が必要な人は射程外となってしまうという面があると思います。

北岡 ストレスチェック受検段階では、人事部は結果を知りませんから、本人が面談を受けなければ、組織的な対応が何もできないまま、時間が経過してしまいます。

鈴木 場合によっては、面談が３カ月後になるようなケースもあります。やはり、日ごろの勤怠のチェックが重要だと思います。勤怠が乱れて、人事部から促されて社員が面談に来たという例は対応しやすいといえます。

9　オンラインによる産業保健の進展

北岡　一方、職場巡視や安全衛生委員会の設置という組織的な安全衛生管理の枠組みはありますが、テレワーク環境下では、産業保健にかかわる取組みはどうなっているのでしょうか。

西　安全衛生委員会はオンラインで実施し、産業医はリモートで参加しています。オンラインでも、それなりに議論はできます。ただ、職場巡視はどうでしょうか。在宅勤務であれば、社員と産業医がオンラインで、座談会のようなものを行うことは有効だと思います。それが職場巡視と認められるかどうかはともかく、保健指導や産業医面談はオンラインでも可能です。もちろん、在宅勤務が始まった当初は勝手が悪かったと思います。初対面の人はカメラ越しには話しにくいですし、根掘り葉掘り聞けない面があります。

鈴木　オンラインですが、同期の社員同士の座談会が効果を上げたという例があります。200人規模の会社で若手社員の間でメンタル不調者が続いたときに、アサーティブ研修と座談会をあわせて実施したところ、座談会が好評でした。同期の社員の仕事への考え方を初めて知って有意義だったというわけです。次は部長などをゲストで呼んで話したい、という要望が出てきました。1年くらい続けた後、部長等に対して業務改善提案などを行いました。

　もともと、座談会という方法は問題解決やストレス解消に役立つのです。オンラインで実施すれば効果があるのではないでしょうか。

北岡　メンタル不調による休職者が、テレワークなら復職できるとして復職申請するケースもあります。

鈴木　在宅勤務を前提に復職可という診断書が出るケースもありますね。ただし、在宅勤務で復職させると生活リズムが改善せず、悪化するという場合もあります。在宅時差ぼけが関与している不調者については特に、会社に予見可能性があることになり、安全配慮義務違反の問題が出てきます。在宅勤務では毎日が休日感覚となって、就寝が2時間ほど

遅くなってしまい、朝起きられなくなります。

　そのため、既往歴のある人をハイリスク者として、起床・就寝時刻を産業保健職がチェックするという仕組みが有効です。これは要配慮個人情報なので、チェックは上司ではなく、産業保健職が行う必要があります。

北岡　自己申告として睡眠時間などを産業保健職だけにメールなどで確認してもらう、セルフチェックのようなものですね。起床・就寝時刻をリアルタイムでチェックできます。

鈴木　朝の寝起きはどうかというコメントを産業保健職に入れてもらうようにします。ハイリスク者を選んで実施すれば、医療受診しなくても生活指導の範囲で対応できてしまいます。

北岡　産業保健活動のこれからの形といえそうですね。

鈴木　対象は、既往歴や長時間残業、肥満の人、定期健診でメタボの人ですね。

峰　その場合、産業保健職によるチェックを就業規則で義務づけできるか、という問題も出てきます。

北岡　そうすると、人事部からの命令ではなく、あくまで産業保健職から声をかけて自主的なセルフチェックとして使ってもらうわけですね。

鈴木　上司から保健師面談を勧めてもらうとよいと思います。産業医面談の場合は不利益取扱いへの懸念といった問題が生じますから、保健師であれば、社員にとって面談のハードルが下がると思います。

北岡　保健師面談を通じて本人の動機づけができて、睡眠時間が改善されるという結果になればよいのですが、生活リズムが乱れている現状を保健師に報告している状態が続くだけであれば、安全配慮義務との関係で悩ましい問題も出てきます。会社によるサービスというか、自己保健義務の一助として、人事部に情報を渡さないという前提での取組みになりますね。

峰　会社として、在宅勤務をより危険性のある勤務形態として位置づけ、在宅勤務期間中は起床・就寝時刻の報告義務を課すという対応はありえます。通常勤務であれば、出退勤時刻を管理していればクリアでき

た問題なのです。

北岡 会社は、基本的には在宅勤務での生活リズムの乱れには関与できません。他方で、生活リズムの乱れの影響下における会社パソコンの長時間アクセス履歴をもって、会社の安全配慮義務違反の指摘がなされる可能性も指摘できるため、あらかじめ報告義務を課しておくということですね。

峰 極端な生活リズムの乱れがあれば、会社としては在宅勤務を解除するしかないと思います。

鈴木 実際には、保健師レベルで指導して改善がなければ産業医に報告します。そうすると、守秘義務が解除され安全配慮義務が優先されることになりますから、産業医を通じて上司に情報提供し、受診命令を出すことができます。

西 そもそも安全配慮義務が課される範囲は始業時刻からだとすると、在宅勤務で8時に起きて8時半から仕事をしていれば、あくまでその時刻から安全配慮義務が課されるということにならないでしょうか。始業時刻に仕事を始めてメンタル不調による効率低下があれば、プレゼンティズムの問題として産業医が対応することになります。

　いずれにしても、生活リズムの乱れからメンタル不調にいかに早く気づけるか、という観点での防止策が重要です。

鈴木 ただし、テレワーク下であらゆる健康管理を企業に求めるのは酷だと思います。健康管理を企業経営よりも優先すれば雇用契約を逸脱してしまう、という議論にもなるでしょう。

第5章

Q&A
テレワーク下における
労務管理のコツ

鈴木安名
（産業医）

西　賢一郎
（産業医）

テレワークのストレス１：オンライン会議が増えた

　私は上場企業の関係会社に所属する課長ですが、昨年の下期に上司である部長が交代してから、やたらとオンライン会議が増えたのです。

　この部に所属する課長は私を含めて３人です。３つの課とも、社員10〜13人、契約社員３〜４人、派遣社員４〜５人で構成され、全員がテレワークで、出勤日は週に１日です。

　問題は部長（親会社からの出向）の「情報共有化」という方針です。前の部長のときには課の方針は各課長の裁量に委ねられており、参加者は部長および３人の課長という少人数の会議が中心でした。ところが現部長は、テレワークになって「会議のコストダウンがなされた」ということで、各課の２人の係長はもとより、テーマによっては契約社員も含めた担当者レベルの参加も求められる会議が増えてきたのです。要するに会議の参加者は、以前の４人から10人超に増えたのです。

　業務の進捗状況や管理監督者のスケジュールなど、グループウェアを見れば確認できる事柄まで、「情報共有化」の美名の下に議題に上ります。そのうえ、部長の方針というか思いが、10枚ほどのスライド形式のファイルで「共有」され、延々と説明されます。

　社内の他部門では、テレワークになって会議が減っているのですが、私の部は逆行です。私の部下や残る２人の課長たちにとってもかなりのストレスです。どう考えたらよいでしょうか。

A 　従来の会議のあり方の問題点がテレワークで拡大された一例です。対策のポイントはグループウェアにあります。

１　テレワークの会議は少人数で

　第２章で述べたように、オンライン会議の特性や出勤日での若手対応の必要性から、無駄な会議が削減される傾向にあるのが一般的です。

　テレワークに限らず、多人数の会議はトップダウンの一方的な情報伝

達には向いています。しかし、具体的な業務の分析や問題解決には担当者プラス管理職という少人数の会議で行うべきものです。ちなみに、テレワークでは一方的な情報伝達はグループウェアで行うのが効率的です。

❷　情報共有はグループウェアで

しばしば現代の職場では「情報共有」という曖昧な内容の用語が飛び交って、十分な検討もなされずに本問のように実行され、職場ストレスの１つになっています。具体的には、ここ20年、CCメールが激増し、超多忙な管理職はTOメールしか読まないという皮肉な現象が起きています。

そもそも、<u>情報工学的には有用な情報とは、意思決定の選択肢を狭めてくれる情報</u>であり、情報の量ではありません。その日のインターネット上のニュースを隅々まで読むという人はほとんどいないでしょう。会社は学校ではないので、ある部門の社員にとっては重要な情報だけれど、別の部門の社員にはそうではないということがしばしばあります。

ですから、そのような情報は部門ごとにグループウェアにアップロードしておくと便利です。そして、グループウェアの見出しなどに、たとえば「○○部の2022年上半期の業務改善例（pdf）についてアップロードしました」などと表示します。

❸　チャットとグループウェアの関係

チャットではファイルの添付をしなくても、部下から「○○部の2021年上半期の業務改善例」に関連することを問われたら、「その書類はグループウェアの○○にあるよ」と答えればいいのです。

以上をまとめると、緊急性を要するもの以外の情報共有はグループウェアで行えば、オンライン会議でのファイル共有や添付ファイルのCCメールが削減され、時間の節約になります。

❹　そもそもプレゼンの方法は

　いまだに、「プレゼンは専用ソフトによるスライド形式で」という
ワークスタイルが多いのですが、図というものは文章や思考の論理を引
き締めるための手段、あるいは知識や経験の乏しい人の理解を促すため
のツールです。後者の例としては、教育研修や顧客向けの資料があげら
れます。

　ですから、最も重要なのは文章や発言内容そのもので、図ではありま
せん。ところが、しばしば手段であるはずのスライド作成自体が目的に
なり、解決すべき問題やテーマから離れて、図形やアイコン、フォント
にこだわる社員も少なくありません。その結果、部や課の会議参加者か
ら、「図はきれいだけど何をいいたいのかわからない」と指摘されるだ
けの結果となってしまうのです。

　ちなみに、アマゾン社の会議においては、「会議の資料は文章で書く」
というルールがあるそうです。

❺　いま一度、コミュニケーションの取捨選択を

　以上のように、テレワークに即した電話、メール、オンライン会議、
チャットなどコミュニケーション手段の取捨選択をすべきです。それら
の適切な使用を社員に教育し、新人・若手社員を除く社員の人事評価の
基準にしてもよいでしょう。

　参考）　佐藤将之著『amazonのすごい会議』東洋経済新報社

　　　　本書は単なる「会議本」ではなく、テレワークを行ううえで役立つ見
　　　　解が盛りだくさんです。

Q₂　テレワークのストレス2：チャットで忙殺される

　私の部下は若手が多いため、グループウェアやチャットの使用になじ
んでいるのはよいのですが、四六時中、部下からのチャットの対応に追

われています。まるで課内サポートセンターのようなありさまで、管理職としての業務に専念できません。

　2週に一度の出勤日には、ファイルの電子化や管理監督者の対面会議に追われて、かなりの長時間残業になります。したがって、出勤日には部下のフォローが十分できないだけに、テレワーク時にチャットの使用制限はしたくないのですが、どうすればよいでしょうか。

A　Q1と表裏一体の質問といえます。チャット対応で忙殺されるというのは、管理職として部下から信頼されている証拠で、質問しやすい上司ということです。しかし、ワークスタイルの動機として、「部下から好かれたい、嫌われたくない」という気持ちが強いと問題になります。コミュニケーションについても枠組みが欠かせません。

1　構造化、時間割

　超多忙な管理職ほど、業務を学校の時間割のように構造化するとよいでしょう。たとえば、「チャットによる課長への質問や相談は、ミスやトラブルを除き午後1時から○時まで」のように設定します。

　ちなみに、たいていの病院では、病棟勤務の医師がナースに検査や治療の指示を出す時間は「救急・救命を除き午後3時まで」というルールがあります（守られないこともしばしばですが）。筆者が現役の内科医時代、早朝出勤をしてこのルールを厳守したところ、医師と看護師間のチームワークが大いに高まりました。

　枠組みや締切は生産性向上をもたらすのです。

2　出勤日の作業の優先順位

　また、管理職には出勤日における作業の優先順位が大切です。本問のように、部下とりわけ若手社員が多い場合、彼らのフォロー（個別相談）を最優先とすべきでしょう。

　テレワークにはデータの電子ファイル化という作業が付きものですが、それを管理職が行うのは考えものです。セキュリティ管理に問題が

なければ、管理職の関与は最小限にして、非正社員や外部業者に委ねたいものです。

　また本章のＱ１で述べたように、チャットでの質問や相談については、グループウェアの該当場所を示すというのがあるべき姿です。手順書やマニュアルが整備されていない場合、その作成が、データそのものの電子ファイル化より優先度が高いのは当然です。

❸　監督者による対応

　午前中は課長の業務に専念するため、スタッフ対応は主任、係長などの監督者に委ねます。それにより、彼らは管理職に緊急に報告すべきことの優先順位づけをできるようになります。事後報告で済むものは、監督者への権限委譲になるのです。

　「言うは易く行うは難し」かと思いますが、管理職がなんでも抱え込むのは禁物です。

❹　劣後順位という発想

　超多忙な管理職自身のワークスタイルとして、作業の分類や分割を、優先順位ではなく、劣後順位で行うことも役立ちます。体内時計が乱れていない限り、作業のパフォーマンスは午前中が高いのは管理職も同じです。しかし、優先順位は上位だけれど、難易度も高いというものに、始業早々取りかかるのは考えものです。問題解決の壁にぶつかった場合、気力がそがれるからです。

　そういう場合は、優先順位が低くかつ難易度の低い、やりやすい作業を１つ２つ処理すると、達成感が生じて仕事に勢いがつきます。

Q3　情報セキュリティをどうするか

　地方に拠点を持つ、食品や日用品の小売業で働く人事担当者です。トップの方針で、本社所属の30人ほどの社員が週１〜２日、テレワー

クとなっています。コロナの脅威は首都圏や大都市ほどではありません
が、地方の老舗企業の社会的責任ということで、とりあえず在宅勤務と
しています。

　テレワークで気をつけるべきことは多いでしょうが、何を最優先にす
べきでしょうか。

　公私のけじめと隠れ兼業に注意します。

1　公私のけじめはパソコンから

　まず、何をいまさらという話ですが、部分的なテレワークではなんと
いっても情報セキュリティが重要です。万が一にも私物のパソコン使用
は避けてください。

　インターネットにつながったパソコンの使用は、セキュリティ管理が
不十分であれば、雑踏のなかで財布をわが身から離すようなものです。

2　隠れ兼業に要注意

　かつて問題になったフラッシュメモリの紛失は重大なトラブルです
が、テレワークでは意図的な漏洩が怖いといえます。筆者が懸念するの
は、副業・兼業が解禁された現在、同業他社に顧客情報や技術情報を売
るという犯罪です。

　コロナ禍による業績低迷で、賃金カットを余儀なくされる企業も少な
くない折、「隠れ兼業」や「内緒の副業」は、使用者の目にはなかなか
届かないでしょう。会社貸与のパソコンで、セキュリティ対策をしてい
ても、画面をデジカメなどで撮影することで、いくらでも情報を盗める
わけです。オフィスでは、自分のパソコン画面を撮影するのは無理です
が、自宅では簡単です。自宅で使用するパソコンは液晶画面の撮影が困
難な仕様にすべきでしょう。

　テレワークにおけるセキュリティ管理は従来以上に人材管理と一体化
させる必要はありますが、情報システム部門が十分機能していない場合

は、人事部門の手に余るでしょう。テレワークのハード、ソフトを扱う
外部の専門業者のアドバイスを基にセキュリティ管理に費用をかけるべ
きです。私物パソコンはもちろん、オンライン会議システム、アプリ、
オフィスソフトなどを安上がりに済ませようなどと思わないようにしま
しょう。

　ちなみに、これらのツール自体を批判しているのではありません。個
人や個人事業主が自己責任の下に使用する場合とは別に考える必要があ
るのです。

 Q₄　部下のメンタルヘルスをチェックするには

　いままでは、覇気がなくなった部下、元気がない部下には声をかけて
チェックしていました。テレワークでは、それが困難になっています。
一人暮らしの部下については特に心配です。どうすればよいのでしょう
か。

A　「ケチな飲み屋サイン」の使用をお勧めします（**図17**）。

　従来から筆者らは、部下の雰囲気や態度ではなく、勤怠や仕事の能率、
ミスやトラブルなど仕事の不具合から受診を勧める「ケチな飲み屋サイ
ン」を重視してきました。テレワーク時代においても、表情、雰囲気で
はなく、この「ケチな飲み屋サイン」が役立つといえます。

　特に欠勤、遅刻は重要なサインで、上司が声をかけるべき基準になり
ます。欠勤と遅刻はメンタル不調だけでなく、コロナをはじめとした感
染症など身体の病気の有無をチェックする基本中の基本といえます。

　泣き言というのは、「自分は総務の仕事には向いていない」「自分には
もう無理」といった愚痴や不満です。いままで愚痴や不満を口にしな
かった部下が、これをいうようになったら不調の可能性があります。能
率の低下は、メンタル不調や体内時計の乱れにより、集中力や判断力の

図17　ケチな飲み屋サイン

| け | 欠勤 |
| ち | 遅刻 |

→ パソコンが立ち上がらない

な	泣き言、不満をいう
の	能率の低下⇒長時間
み	ミス、トラブル
や	辞めたいという 異動を希望する

> **メンタル不調による欠勤、遅刻の特徴**
> ・当日連絡欠勤
> ・曖昧な理由体調不良、風邪っぽいなど
> ・メール、チャットなど非音声連絡が多い

低下を来した状態です。同様に、ミスは注意力の低下によるものです。最後の、「辞めたい」というのは文字どおり、退職の意向や「いまの職場はつらい、ほかの課に異動したい」など、配置転換を希望する発言を指します。

　以上のサインがあった場合、1対1のオンライン会議で不眠のチェックや、生活リズム（**第3章　ケース1**）の点検を行い、必要に応じて受診勧奨しましょう。

　一方、「ケチな飲み屋サイン」の使用においては、本章の**Q6**で示しますが、勤怠管理をしっかりすることが大前提となります。

 Q5 当日の欠勤連絡はどう表明させればよいか

　メンタル不調での休業歴がある部下がいます。通常勤務のときにも体調不良でしばしば欠勤していました。在宅になった直後のある日、グループウェアでの在席の入力もなく、朝のオンラインミーティングにも参加しません。10時ごろ、本人の携帯に電話をしたら、少し怒った口

調で、「体調が悪いため年休を取得するとチャットで伝えてあります！」ということでした。チャットを見落としていた私も悪いのですが、急な欠勤はどう表明させればよいのでしょうか。

 音声通話による連絡が望ましいといえます。

　意外に見落とされがちな問題で、本章のＱ４に関連しますが、テレワークの時代こそ明確にルール化すべき事項です。人事部門と管理職は、以下のことを社員に周知徹底します。

①通常勤務と同様に、事前承諾なく当日に欠勤する場合、連絡がなければ無断欠勤であること。

②体調不良で当日朝に連絡して欠勤することは、厳密には年次有給休暇の取得ではないこと。なぜなら、使用者による時季変更が不可能となるからです。

③やむを得ず当日朝に欠勤または遅刻する場合は、メールやチャットではなく、音声通話にすること。

　以上の①から③は通常勤務の場合にも徹底しましょう。メールやチャットは電話と違って、口調や声の大きさなどの情報が欠けており、ときに休むことのハードルが下がるからです。

Q6　出退勤の管理はどうあるべきか

　わが社（社員200人余、商社）は地方にあり、コロナの進展を想定して近い将来にテレワーク導入となります。通常勤務の現在でも直行直帰の客先営業や出張が多く、出勤・退勤が曖昧で困っています。タブレットパソコンを通じてのグループウェアで入力を忘れる社員がいるのです。

　これがテレワークとなると、さらに勤怠管理がままならない懸念があります。労働時間の把握にはどのような手段がよいのでしょうか。

A 　Q4、5で解説したように、勤怠管理は人事労務管理の基本で、労働時間管理や健康管理のための前提条件になります。これを明確にする仕組みをつくることが必要になりますが、テレワークにおいては、打刻の手段を何にするかがポイントになります。

■ 打刻の種類と勤怠管理

(1) パソコンのログオン、ログオフでの打刻

　最もよいのは会社貸与のパソコンに、ログオンしたら出勤、ログオフしたら退勤と打刻されるシステムを導入するものです。休日にパソコンを立ち上げれば休日出勤となるわけで、厳格な勤怠管理になります。

　当然、スケジュール管理はグループウェア上でしっかり行う必要があります。

(2) 生体認証、ICカードなどを用いた打刻

　セキュリティを重視するうえで、なりすまし防止のために指静脈や指紋あるいは何らかのICカードで打刻するシステムもありますが、当然、打刻のための端末がパソコンに接続された状態で使用されます。

(3) グループウェアでの打刻

　パソコンのログオン直後に、グループウェアで出勤の入力、「在席」の入力をするのが一般的です。本問のようにこれを忘れることがしばしば起きるので、職場のポータルサイトの管理者は、ポータルサイトのログオン時に、在席入力をするようにメッセージを出す必要があります。

　入力を怠ることが続く場合は、何らかのペナルティーが必要かもしれません。

(4) メールやチャットの送信を打刻とみなす

　職場によっては、朝パソコンを立ち上げた時点で、上司にメールやグ

ループチャットでその旨を伝達する方法もあります。

　一方、管理職自身の負担が増えるデメリットもあります。

(5)　打刻以外の方法：始業ミーティング

　パソコンのログオン、グループウェアやチャット、メールだけでは心配だという場合は、5分程度の始業ミーティング、朝会などを設定し、参加を義務づけることがよいでしょう。

　小画面とはいえ、これに顔を出していれば、まずは一安心というわけです。

2　人事労務管理の自動化、効率化

　重要なことは、テレワークを通じて、人事労務管理の自動化や効率化を推進することです。勤怠管理のシステム化は、コロナ以前から働き方改革の推進を目的に、さまざまな業者が各種サービスの販売にしのぎを削ってきました。最近では社員1人あたりの単価も下がり（300円前後）、リーズナブルなものも少なくありません。

　また、テレワークの時代にグループウェアは不可欠のツールです。

　第3章のケース8に示したように、高年齢社員ではグループウェアになじまない場合もあるでしょう。しかし、立ち居振舞いという情意評価が困難なテレワークにおいては、人事評価の基準の1つに「グループウェアの適切使用」を入れ、これを周知徹底すれば、その使用が進み、人事部門の業務も楽になります。進捗状況の報告、連絡というコミュニケーションがグループウェアに置き換えられるので、その使用について評価の基準にしても問題はないでしょう。

　あわせて、RPA（ロボティックプロセスオートメーション）の導入で人事労務管理の半自動化も可能です。たとえば、勤怠管理のシステムから月○○時間以上の時間外労働を行った社員を抽出し、それぞれの社員に、定型文でよいのでリマインドメール（要注意メール）の送信までを、自動化するといった方法です。

Q₇ プライバシーを保つには

管理職である私は、3LDKのマンションに住み、幸い書斎もあることから、それなりにプライバシーは保てます。しかし部下は独身者が多く、ワンルームマンションなどの狭い住宅環境で、書斎どころか机もなく、食卓テーブルはまだしも、小さな卓袱台（ちゃぶだい）にノートパソコンを載せ、縮こまって作業をしている部下もいて気の毒です。どうすればよいのでしょうか。

A ワークスペースの確保を支援しましょう。

テレワークにおいてプライバシーを論じているときりがありません。それよりも、適切なワークスペースを確保するという観点が大事で、プライバシー保護と労働生産性の両立につながります。

テレワークが主体の会社では、「A　プライバシーの確保」にとどまらず、「B　腰痛や肩凝り防止など労働衛生の観点」ならびに「C　オンとオフのけじめ」をつけるために、社員のワークスペースの整備が欠かせません。

卓袱台での長時間のパソコン使用は人間工学的にも論外で、腰痛症と肩凝り、頭痛は必発です。これら障害の業務上外の判断はさておき、きちんとした机、椅子および照明の導入を支援したいものです。テーブル（食卓）使用も構造上、長時間のテレワークに適していない場合も少なくないし、家族間のトラブルを引き起こしかねません。

第3章のケース4でも述べましたが、必要に応じてレンタルオフィスを導入することも検討しましょう。一部の大手企業では、コロナ終結後も在宅勤務を続けることを表明しています。オフィスの維持にかかわる光熱費などのコストや通勤手当などを削減できる可能性があるからです。

しかし、本問で示したように、腰痛や肥満、生活習慣病の悪化などが生じるばかりか、パソコンの設置場所が不適切では労働生産性も低下し

ます。従業員満足度（ES）も悪化し、離職も増えかねません。このワークスペース問題を放置すると、アフターコロナとなれば、『毎日、自宅で働くのは理屈抜きに嫌だ』という理由で、ときにカフェ、公共施設など不特定多数の出入りする場所でのテレワークにもなりかねません。セキュリティの低いフリーWi-Fiの使用、パソコンの窃盗・紛失、画面ののぞき込み、いたずらなどリスクが高まります。

　レンタルオフィスの提供が無理なら、机や椅子、部屋をパーテーションで仕切るためのつい立の購入など、在宅勤務の環境を整備するための費用を一部支給するといった取組みが必要になるでしょう。

　テレワークに関する費用の取扱いについては、厚労省「テレワークの適切な導入及び実施の推進のためのガイドライン」をご覧ください。

テレハラ、リモハラ対策は

　先日、隣の課で、「先輩男性社員から、１対１のオンライン飲み会にしつこく誘われて困っている。ハラスメントではないか」と上司に訴えた新人女性社員がいました。いわゆるテレハラ、リモハラ対策はどうすればよいでしょうか。

A　オンライン会議やチャットでの１対１のコミュニケーションは、他人に傍受されないので、セクハラ、パワハラなどのハラスメントに悪用されるリスクがあります。管理職の目に届きにくいだけでなく、被害者も在宅ということで上司に申告しにくい状況になりがちです。これに対しては、使用者、管理職による抑止力の行使が重要です。

■ オンライン会議、チャットでの周知徹底

　２〜４週間に一度、定期的に、管理職はオンライン会議の折に、チャットなどを通じてのハラスメントは犯罪的行為である、ということを伝えます。

❷ 相談窓口を管理職のメール署名欄に入れる

　ハラスメント相談窓口をしつこいほど周知徹底します。たとえば、<u>管理職のメールにおいて署名のテンプレートを編集し、相談先を明記する</u>（例）とよいでしょう。

　コスト不要で手軽な方法ですが、所属長の書名欄にこのような項目があると、「上司の目が光っているぞ」という抑止力として働きます。

```
＊＊＊＊＊＊＊＊＊＊＊＊
ハラスメントの相談窓口は
○○コンプライアンス・ホットライン
電話；
メール
＊＊＊＊＊＊＊＊＊＊＊＊
○○部　XX課長
＋＋＋＋
＊＊＊＊＊＊＊＊＊＊＊＊
```

❸ ハラスメントチェックのシステム導入

　費用はかかりますが、チャットの文章をAIで分析し、特定のキーワード、フレーズがあると、所属長などに連絡が行くようなシステムを導入するのも1つの方法です。

　キーワード例：
　オンライン飲み会、差しで、個室居酒屋
　お前、クビだ、死ね、ばか

　参考）FRONTEO社ホームページ
　人工知能によるメール＆チャット監査システム

仕事から離れられない

　もともと仕事人間の私は、在宅勤務になってからさらに長時間労働です。というのは、事情があってここ数年は一人暮らしのうえ、テレワークにより通勤の手間がなくなった分、他にやることがなく、ついつい働いてしまうのです。４月の人事で時間管理に厳しい上司が着任し、「だらだら残業の傾向があるので注意をするように」と指摘され、産業医による長時間残業面談をオンラインで受けたほどです。

　実際、テレワークになってから、睡眠時間は確保できているのですが、寝つきが悪く、眠りが浅くなりました。オンとオフのけじめはどうすべきでしょうか。

A　仕事へのこだわりが強く、仕事から離れられない人もいます。このような人では、在宅勤務は仕事と私生活を空間的に区切りにくいので、時間的にも切替えができなくなるのです。

1　ワークスペースをつくる

　本章の**Q7**でも述べましたが、ワークスペースの確保が大事です。仕事部屋ではないにしても、仕事スペースをつくり、何かで区切るとよいでしょう。

　それも無理なら、ノートパソコンに大きめのきれいな布をかぶせることで、区切りをつけます。

2　ウォーミングアップとクールダウン

　ビジネスの世界もスポーツと同様に、ウォーミングアップとクールダウンが欠かせません。通常勤務では**第3章のケース1**で述べた、光を目に入れ、朝食を摂り、伸び（ストレッチ）という３点セットに加えて、通勤も仕事へのウォーミングアップになります。テレワークでは通勤がないので、ウォーミングアップには光、食事、伸び（ストレッチ）が重

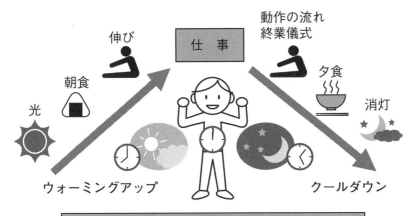

図18　ウォーミングアップとクールダウン

仕事

動作の流れ
終業儀式

伸び

夕食

朝食

消灯

光

ウォーミングアップ　　　　　　　クールダウン

体内時計を整え、生産性と心身の健康増進

要です。

　一方、現代のビジネスでは脳を酷使しますので、きちんとクールダウンをして、脳の興奮を鎮めることが重要です。このクールダウンが不十分だと、本間のように睡眠の質が悪化し、体内時計も乱れて生産性（特に集中力）も低下してきます（**図18**）。

(1)　クールダウンの出発点：動作の流れ〜終業儀式

　テレワークの長時間労働は通常勤務のそれと違って、帰宅というクールダウンがないため、意識してその仕組みをつくり、頭を切り替える必要があります。

　以下はテレワークにおけるクールダウンの一例で、一見、子どもだましのように思えますが、一連の動作の流れをつくるのがポイントです。
（クールダウンの例）

　事前申請した残業を含め、終業時間となったら、以下のAからFまで一連の動作、行動をします。

　A　「明日のことは、明日○時からやろう！」などとつぶやく。

　B　パソコンをシャットダウンし、必ず電源を抜く。

C　パソコンに覆いの布をかぶせ、「パソコンよ、今日も1日ありがとう」とつぶやき、一礼する。

D　パソコンを背にして、軽く1分ほどストレッチをして、「終業だ」と、自分の耳に聞こえるようにきちんとつぶやく。

E　ベランダもしくは玄関の外に出る。

　マンションならベランダに出て、外の景色を眺める。明るければビルや山など遠くのものを見る。暗ければ星、月、雲を眺める。一軒家なら玄関から出て、同様に遠くの建物、山、空を眺める。

F　部屋に戻ってしっかりストレッチ　3分

注）以上のAからFまでは大きめのフォントで印刷し、壁に貼り付けておくとよいでしょう。ちなみに<u>一連の動作の流れはワンパターンであるほど有効</u>で、平常心を保てます。たとえば、相撲の仕切り前の一連の動作の流れはワンパターンだからこそ、平常心を保ちつつウォーミングアップをするという意味で、非常に理にかなっています。

(2)　家事仕事という運動

　その後、最低20分はスマホを見ないで、散歩、風呂掃除、洗濯関係、調理関係など家事仕事をする。男性の場合、しゃがみ込んで「床の雑巾がけ」をすると、下肢への筋トレ効果があり、気晴らしにもなります。長い柄付きのモップで拭くのではなく、手に雑巾を持ち、力を入れて床を拭きます。畳1畳程度の狭い範囲でも可です。

　どうしても仕事が頭から離れなくてもよいのです。通常勤務でもそうだったのですから。しかし、業務用（会社貸与）のパソコンは立ち上げないことです。

(3)　夕食

　夕食もクールダウンにはなりますが、肥満を防ぐうえで、就寝から2時間以上は離しましょう。

⑷　液晶画面も含めた消灯

　終業後は、ウォーミングアップとは逆に、室内照明を暗めにして、ス
マホやタブレットなどの使用はできるだけ控えましょう。寝る前の液晶
画面のブルーライトは睡眠の質を低下させ、**第3章のケース1**で述べた
体内時計の乱れを起こすためです。その結果、肥満や午前中のパフォー
マンスの低下が起こるとしたらもったいないことです。さらに、怖いの
は慢性的な集中力の低下が起きることです。

　ラリー・D・ローゼンの著書、『毒になるテクノロジー』のなかに、
パソコン、スマホなどを頻繁に使用し<u>マルチタクス</u>作業を行っている
と、集中力が低下していくという著者自身の体験談が書かれています。
読解力があっても、本を読み続ける集中力が失われていくというので
す。若手社員の少なくない人々は、もはや書籍どころか、長い文章のブ
ログやネット記事よりもYouTube動画を好みますが、ある意味、集中
力の低下を表しています。

　終業後にスマホやタブレットを長時間使用するのは、自分の脳に対す
るハラスメントともいえましょう。

オンライン飲み会について

　20人ほどの部下を持つ管理職です。在宅勤務になりコミュニケー
ションが減っただけでなく、コロナ対策のために飲み会、食事会の自粛
もあって、職場の連帯感が乏しくなっている印象です。そのため、課内
でオンライン飲み会をやっているのですが、参加者が限られて、効果的
ではないと感じています。どうすればよいのでしょうか。

A　オンライン飲み会がオンライン会議になってしまうことがあり
ます。

　一般に課員全員が参加するような、多人数のオンライン飲み会は、特

に若手社員から不評です。その理由は、すでに述べたように、多人数の
オンライン会議と同じ理由です。つまり、管理職による一方的な発言に
なりがちだからです。

　通常の飲み会では、主催者である所属長の挨拶などがあって、飲み会
が進むにつれ、席の移動があって話題が合う3〜4人のグループごとに
会話が弾む、数人が課長を囲んで話が進む、あるいは1人で淡々と飲む
というように、場が分散するのが一般的です。

　それなのに、オンライン飲み会では管理職が連帯感を強めようと気負
うこともあり、リーダーシップを発揮して、個別に発言を求めたり、助
言を与えたりという飲み会になりがちです。要するにオンライン会議に
なってしまい、管理職やしゃべりたがり屋の独壇場になるのです。これ
では連帯感が弱まります。したがって管理職は最初の発言にとどめ、発
言を控えましょう。

　従来の通常勤務における飲み会でも、習慣としてやってきた場合は、
飲み会自体に抵抗がある若手社員もいたことでしょう。管理職が気づい
ていなかっただけで、コロナ禍、オンラインという状況が不満を顕在化
させたにすぎません。歓送迎会や何かの行事であれば、飲み会とはせず、
業務としてオンライン会議にして20〜30分で終了とするのがよいでしょ
う。

Q11　新人オンライン研修の工夫について

　人事部門の新人研修の企画で悩んでいます。コロナ以前から即戦力、
問題解決力の養成という目的で、社内外の講師がさまざまなセミナーを
行ってきました。質疑応答やグループ討論なども含め、それなりの効果
があったと思います。それがオンラインになって、講師の講義内容を撮
影し、動画で提供することが中心となってからは、一方通行になったら
しく、受講者のアンケートでは例年になく不評でした。何か打開策はあ
るでしょうか。

この問題も、コロナ以前の新人研修の課題が増幅されていると考えられます。第3章のケース7で述べましたが、オンラインの新人研修に対する不満は少なからずあります。

■ 新人のニーズと使用者のニーズとのミスマッチ

ともすればオンライン実施の有無にかかわらず、新人研修では即戦力を求めるばかりに個々の仕事（タスク）を処理するノウハウを座学中心に教えがちですが、本来、仕事のスキルは経験を通じてOJTで身に付けていくものです。

そして、新人のニーズは仕事のスキル以前に上司や先輩社員と良好な人間関係を築くことに関心があります。

ここでのミスマッチは新人研修の満足度の低下だけでなく、問題解決力の低迷にもつながります（**第3章　ケース7**）。

すなわち、上司や先輩社員とどのようにコミュニケーション（報告、連絡、相談、質問の仕方）を取ればよいのかがポイントになります。

■ 問題解決力の土台としての報連相教育

具体的には、テレワークの有無にかかわらず挨拶の仕方、報告、連絡、相談の目的と方法を重視します。ここでは使用者にとってのニーズというより、部下としての新人のニーズを明確にすべきです。報連相の目的をきれいに整理したものが、大久保幸夫氏が示した「ボス・マネジメント」です。

つまり、報連相とは、部下が仕事で成果を上げるうえでの問題解決を図るために、ノウハウの伝授、人脈の紹介、トラブルの処理といった上司が持つ機能を引き出し、活用するためのツールである、ということを理解させる教育が必要になります。

参考書）大久保幸夫著『上司に「仕事させる」技術』 PHP出版

また、先輩社員や上司に質問するときの礼儀作法など、コミュニケー

ションの基本を教えるべきです。チャットにおいても「主任、いま質問していいですか？」などの作法は重要です。

　テレワークにおける報告、連絡、相談のやり取りは、本章の**Q1**で解説したようにチャットとグループウェアの連携が効果的ですので、これらの使用方法、目的などITリテラシーを高める教育も重要です。これは高年齢社員にも役立つ取組みで、新人－高年齢社員の間でチャットをする、オンライン会議で雑談をするなどの実習も含めるとよいでしょう。

3　新人情報交換会

　第3章のケース7で述べたように、新人や若手社員の情報交換会の取組みが、非常に役立ちます。

　新人座談会など名称はなんでもよいのですが、せっかくのオンライン会議システムを活用し、たとえば、新人3〜4人を一組にして、週末に30分ほど「今週あった困ったこと、よかったこと」などのテーマで、自分の経験や悩みを共有し合う場をつくります。30分ほど好き勝手に話し合い、持ち回りの司会者に記録を取らせます。

　その後、主任、係長などの監督者がアドバイザーとして参加し、具体的助言をして悩みを翌週に持ち越さないというイメージがよいでしょう（**図19**）。

　アドバイザーも週替わりでよく、具体的な助言よりも、「みんな頑張っているね」とねぎらいの言葉をかけることをメインにします。アドバイザーが答えにくい問題やトラブルについては、「所属長に報告します」とすればよいのです。

　2〜3カ月したら、新人の組合せを変え、まったく異なる部門同士でオンライン座談会をするとよいでしょう。

　これには、以下のメリットがあります。

①　新人同士の連帯感強化とガス抜き
②　新人のリーダーシップやコミュニケーション能力の評価
③　監督者の役割の自覚

　ポイントは本書で再三述べたように、オンラインでは1つの新人情報

図19　新人情報交換会

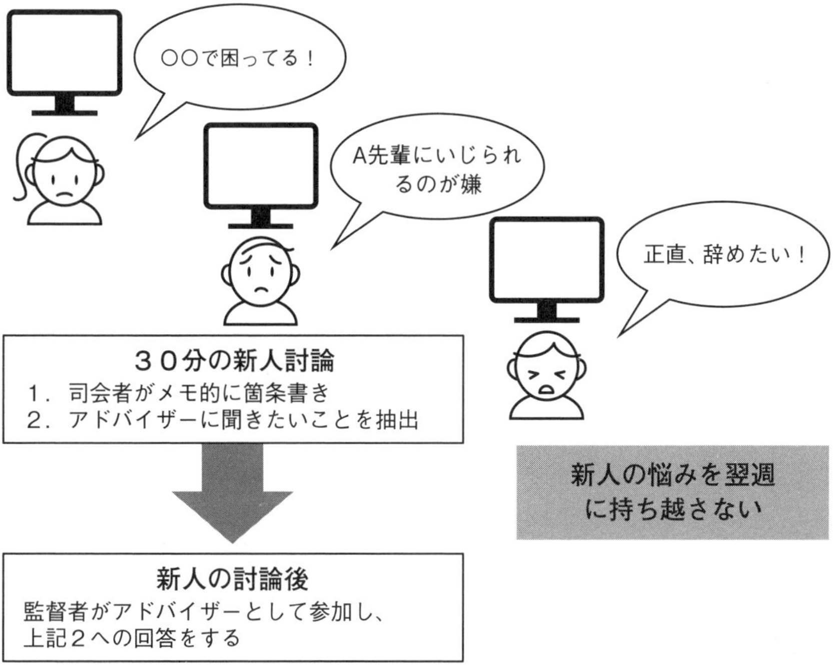

○○で困ってる！

A先輩にいじられるのが嫌

正直、辞めたい！

３０分の新人討論
1. 司会者がメモ的に箇条書き
2. アドバイザーに聞きたいことを抽出

新人の悩みを翌週に持ち越さない

新人の討論後
監督者がアドバイザーとして参加し、上記２への回答をする

交換会に参加する新人の数はあまり増やさず、４〜５人までとすることです。

　また、主任や係長などのアドバイザーの役割は、問題解決にこだわらず、月並みですが、自分の新人時代の経験からの助言、ねぎらいによるモチベーションアップと管理職への情報伝達とすべきでしょう。そのほうが、監督者のプレッシャーが減ります。

　例）

　　「皆さん、頑張っていますね！　よい討論内容です」

　　「嫌な人間関係は５〜10年も続くことはあまりなく、どちらかが異動になります。まあ、続いて３年でしょうか」

　なお、職場の人間関係についての新人の発言は要配慮個人情報ではな
く、印象情報といえますので、監督者は当該新人の承諾なく、管理者に
伝えても問題はありません。もちろん、アドバイザーとしての監督者と
新人との信頼関係を失わない工夫が必要です。

第6章

Q&A
在宅勤務にかかわる法対応

北岡大介
（特定社会保険労務士）

在宅勤務の対象者を会社が決められるか。業務命令で在宅勤務を解除できるか

在宅勤務を導入する際に、対象者の範囲を会社が一方的に定めることはできるのでしょうか。また、会社が業務上の必要等に応じ、在宅勤務を解除し、出社命令を出すことは可能でしょうか。

Answer

1　在宅勤務の対象者

テレワーク（在宅勤務）の導入にあたり、実務上問題となることが多いのが、テレワーク勤務対象社員の範囲です。従業員のなかには、内心テレワーク勤務を希望しているのに、会社側が設定したテレワーク対象者の範囲から漏れ、不平不満等を抱く者も少なからずいます。

そもそも、この対象者の範囲について、会社が一方的に設定することが許されるのでしょうか。この問題を考えるにあたり、まずは労働契約の内容が課題となります。

労働契約書、労働条件通知書には必ず「就業の場所」が明示されていなければなりません（労働基準法〈以下、労基法〉15条1項、労基法施行規則5条1の3参照）が、ここにいかなる記載があるかが問題となります。「○○県△市所在の乙工場」などと、勤務地が明確に特定されている場合には、労働契約上、会社が一方的に在宅勤務等を命じることはできず、労働者本人からの個別同意を得る必要があります。

それでは、労働契約書等に「会社が指定する就業場所（全国）」と記載されており、就業規則等にも配転命令にかかる根拠規定が設けられている場合は、どのように考えるべきでしょうか。

この「会社が指定する就業場所」に労働者本人の自宅等が含まれるのであれば、会社は雇用契約・就業規則に基づき、必要に応じ、在宅勤務を命じることが可能と解しうることとなります。

しかしながら、サテライトオフィス（会社賃貸）はさておき、自宅は労働者本人の居住空間であり、会社側が一方的に自宅を就業場所として「指定」する権限があるとするのは、違和感を禁じえません。労働契約上、配転命令権が包括的に定められている場合であっても、地域限定契約と同様、やはり在宅勤務については労働者本人からの個別同意を要すると解すべきと思われます。

　以下は、在宅勤務の適用対象者にかかる規定例ですが、労働者本人の同意または自ら在宅勤務を希望することを在宅勤務の前提と定めるものです。

（在宅勤務の対象者）

第1条　在宅勤務の対象者は、就業規則○条に規定する従業員であって次の各号の条件をすべて満たし、会社が在宅勤務を許可したものとする。
　(1)　会社による在宅勤務の打診に同意した者または自ら在宅勤務を希望する者
　(2)　自宅の執務環境、セキュリティ環境、家族の理解のいずれも会社が定める基準に適合する者

　上記規定に基づき、在宅勤務を会社が許可した者が対象となるのが原則的な考え方となりますが、コロナウイルス感染症拡大等の不測の事態によって、政府からの命令・要請等を受け、会社としても在宅勤務を余儀なくされる場合も生じえます。

　この場合、企業としても労働者の雇用確保・健康確保等の観点からも、労働者本人の個別同意が明瞭に得られない場合であっても、特例的に会社が在宅勤務を一方的に命じることは許容されるべきです。

　そこで、このような場合を想定し、以下の定めをあらかじめ設けておくことも一案です。

> （特例的な在宅勤務）
> **第2条**　天災事変、感染症の流行等の非常事態においては、会社は
> 　労働者の諾否を問わず、公衆衛生・安全配慮等の観点から、特別
> 　に在宅勤務を命じる場合がある。

2　在宅勤務の解除、出社命令

　次に、在宅勤務を認めてきた者に対し、業務上の必要から在宅勤務を
解除し、出社を命じうるか否かも今後、大きな実務課題となりえます。
これについても、労働契約・就業規則等であらかじめルールを明確化し
ておくことがポイントとなります。

　まず、一般的な在宅勤務者については、前述した1条2項に以下の定
めを設け、事前周知しておくことでルールが明確になります。

> **第1条第2項**　会社は、業務上その他の事由により、前項による在
> 　宅勤務を取り消した場合、対象労働者は会社の命に従い、所定の
> 　就業場所に出社し、労務提供をしなければならない。

　また、特例的な在宅勤務については、臨時的な対応であるため、2条
2項に以下の文言を設けておくことも考えられます。

> **第2条第2項**　会社は前項に定める非常事態が終了したと判断した
> 　時点において、特例在宅勤務を解除した場合、対象労働者は会社
> 　の命に従い、所定の就業場所に出社し、労務提供をしなければな
> 　らない。

Q2 出社命令に従わない労働者に対する懲戒処分は可能か

　緊急事態宣言が出され、全社的に在宅勤務体制を取っている場合、会社判断による出社命令に従わない社員については、懲戒処分を課すことはできるのでしょうか。

Answer

　緊急事態宣言下において、勤務日のほとんどを在宅勤務としてきた会社も多いといえます。感染症の流行が沈静化した後、会社が在宅勤務の解除あるいは週3日以上の出社を命じた際に、労働者がこれに従わない場合、懲戒処分等をなすことは可能でしょうか。

1 参考となる裁判例

　裁判例において、参考となるのが**電電公社千代田丸事件**最高裁判決（最高裁第三小法廷昭43.12.24判決、労働判例74号48頁）です。同事件は朝鮮戦争後、大韓民国が日本海内に李承晩ラインを一方的に引き、同国軍参謀本部が日本船籍の航行に対し、「撃沈声明」を発しているなか、日本電信電話公社が同従業員に対して当該危険海域に米軍軍艦護衛の下、海底線修復作業を行うよう命じるも、これに違反（25時間遅延）したことに対し解雇したことの可否が争われた事件でした。

　控訴審判決は、当該海域での作業は「他の行動区域に於ける作業に比して、少なくとも一般的には気分的には好ましくないと感ずるか乃至はこれを相対的、主観的に或程度の危険として感ずるのが自然」ではあるが、米海軍艦艇により護衛することとなったこと等から、安全保障および護衛の措置は一応得られたものとして、当該業務命令の違反に対する懲戒解雇を有効としました。

　これに対し、最高裁判決は、以下の理由から解雇無効とし、原審に差し戻しました。

　「本件千代田丸の出航についても、米海軍艦艇の護衛が付されること
による安全措置が講ぜられたにせよ、これが必ずしも十全といいえない
ことは…実弾射撃演習との遭遇の例によっても知られうるところであ
り、かような危険は、労使の双方がいかに万全の配慮をしたとしても、
なお避け難い軍事上のものであつて、海底線布設船たる千代田丸乗組員
のほんらい予想すべき海上作業に伴う危険の類いではなく、また、その
危険の度合いが必ずしも大でないとしても、なお、労働契約の当事者た
る千代田丸乗組員において、<u>その意に反して義務の強制を余儀なくされ
るものとは断じ難いところである</u>」

　「（略）…前示のような事情のもとに、上告人らが千代田丸の本件出航
を一時阻害したというだけの理由によってされた本件解雇は、妥当性・
合理性を欠き、被上告人に認められた合理的な裁量権の範囲を著しく逸
脱したものとして、無効」

2　実際の対応

　コロナウイルス感染症下における出社命令を考えるうえでも、上記裁
判例は大変参考となります。たとえば、会社側が出社命令をなすも、当
該就業場所が地下1階の密閉空間にあり、従業員・顧客等が密接・密集
した環境下で就労を命じられた場合は、いかに考えるべきでしょうか。

　このような場合、いわゆる3密防止対策をはじめ、政府が企業等に広
く要請している「職場における新型コロナウイルス感染症の拡大を防止
するためのチェックリスト」に照らし、著しく違反した就業環境であれ
ば、コロナウイルスへの感染は「抽象的な不安」にとどまらず、具体的
な危険性を首肯しうるところです。上記最高裁が判示するとおり、「そ
の意に反して義務の強制を余儀なくされるものとは断じ難い」といわざ
るを得ません。このような場合には、会社側の出社命令自体が濫用にな
るという可能性があるものです。

　また、同様に労働安全衛生法（以下、安衛法）25条は「事業者は、労
働災害発生の急迫した危険があるときは、直ちに作業を中止し、労働者
を作業場から退避させる等必要な措置を講じなければならない」と規定

しており、業務に起因した感染症への感染が現実化する急迫した危険が存する場合、事業者に対し作業中止等の必要な措置を講じることを罰則付きで義務づけています。

以上のとおり、3密防止対策等がまったく講じられていない就業場所への出社命令自体が法的に否定されうるものですが、他方で会社側が相応の対策を講じているにもかかわらず、労働者側が「感染する不安がある」等と強硬に主張し、出社命令に従わない場合はいかに考えるべきでしょうか。

当該感染への不安が労働者の相対的・主観的なものであり、業務に起因した感染にかかる具体的な危険が認定されないのであれば、出社命令違反は明らかに業務命令に反するものとはいえます。他方で、労働者本人または家族が基礎疾患を有しており、コロナウイルス感染によって甚大な健康障害等が生じるとの懸念がある場合、出社を強要し、これに従わないことを理由に懲戒処分等をなすことは、労使双方にとって容易ならざるものです。

この場合には、出社命令違反に対し、直ちに懲戒処分を行わず、まずは指導等にとどめたうえで、職場の感染防止対策について説明し、労働者側の理解を得る等の対応も考えられます。

Q3 非正規社員のみに出社を命じると、均等・均衡待遇に違反するか

緊急事態宣言が出された際に、正社員は在宅勤務とし、非正規社員は出社させるという対応は、均等・均衡待遇の点で問題があるのでしょうか。

Answer

緊急事態宣言下において、政府要請等を受け、事務系労働に従事する正社員は緊急的に在宅勤務または休業に移行する一方、契約社員・パー

ト、派遣労働者等については、少なからず出社を求めた企業がみられます。当該出社命令に対し、一部の非正規社員から「均等・均衡待遇」に違反するとの主張も聞かれましたが、どう考えるべきでしょうか。

■1　改正パート・有期雇用法と均等・均衡待遇

2021年4月から、中小企業も含め全面施行されている改正パート・有期雇用法では、まずパート労働者のみならず、有期雇用労働者もあわせて「等しきものは等しく」を定める均等待遇を義務づける規定をおくこととしました（同法9条）。

さらに、均衡待遇の規定についても明確化を図るとしており、旧労働契約法20条が以下のとおり改正されています（同法8条）。

> 「事業主は、その雇用する短時間・有期雇用労働者の基本給、賞与その他の待遇のそれぞれについて、当該待遇に対応する通常の労働者の待遇との間において、当該短時間・有期雇用労働者及び通常の労働者の業務の内容及び当該業務に伴う責任の程度（職務内容）、当該職務の内容及び配置の変更の範囲その他の事情のうち、当該待遇の性質及び当該待遇を行う目的に照らして適切と認められるものを考慮して、不合理と認められる相違を設けてはならない」

前記改正によって、有期雇用・短時間労働者に対する均等待遇規定の不整合性が解消され、フルタイム有期雇用労働者に対しても均等待遇規定が直接適用されることが、明確化されることとなりました。また派遣社員についても、派遣先または派遣元の労働者との間の均等・均衡待遇が派遣法上、義務づけられています。

■2　「就労の場所」と均等・均衡待遇

1つ目の問題は、均等・均衡待遇の規定が緊急事態宣言下における就労場所（在宅勤務か出社か）にも及ぶか否かです。前記のとおり、同法は「その他待遇」それぞれについての均等・均衡処遇を求めていることから、就労場所についても「待遇」の1つとして適用余地はあるものと

いえそうです。

　2つ目の問題は、正社員と非正規社員との間で、「就労の場所」を異にすることが均等・均衡処遇に違反するか否かです。これについては、当該就労場所の相違理由こそが問題となるものです。

　何ら合理的理由なく当該処遇差を設けているのであれば、均等・均衡義務違反に該当する可能性がありますが、当該処遇差の多くは、正規・非正規雇用における職務内容・責任の相違に起因することも珍しくありません。

　たとえば、同じ生産管理部門で勤務している正社員と非正規社員において、取引先からの発注依頼の受理（ファックス・電話）とその入力業務（会社独自の機器）は専ら非正規社員が従事し、正社員は年間生産計画策定と進捗管理等の業務に主として従事する場合、正社員は在宅で当該業務に従事しうる一方、非正規社員は取引先の対応やその入力業務の性質上、会社への出社を必須とすることが多々みられるところです。

　この場合には、職務内容の相違に鑑みて、非正規社員が会社出社を要するものであり、正社員との就労場所の相違が直ちに改正パート・有期雇用法の均等・均衡処遇違反にあたるわけではありません。

　また、改正パート・有期雇用法14条では、比較対象となる正規雇用労働者の「待遇差の内容やその理由等」に関するパートタイム労働者・有期雇用労働者等への説明義務が新たに課せられています（以下参照）。

イ　有期・パートともに新たに雇い入れたときには、速やかに均等待遇、均衡待遇、賃金、教育訓練、福利厚生、正社員への転換推進措置等に関し講じることとしている措置の内容について説明しなければならない。

ロ　有期・パート労働者から求めがあったときには、<u>当該労働者と通常の労働者との間の待遇の相違の内容および理由</u>ならびに均等待遇、均衡待遇、賃金、福利厚生等の措置を講ずべきこととされている事項に関する決定をするにあたり考慮した事項について説明しなければならない。

　同条に基づき、在宅勤務か会社出社か、就労場所を異にすること自体につき、非正規雇用労働者が会社に対し、その相違内容と理由につき説明を求めてきた場合、会社としても、法令上説明責任が義務づけられています。当該説明を行わない場合には、労働局から助言・指導等の行政指導がなされうるものであり、事前に企業としても説明への対処方法を検討しておく必要があるのです。

 在宅勤務中の事故は労働災害となるのか

　社員が在宅勤務中に自宅で負傷した場合、労災の対象となるのでしょうか。

Answer

　在宅勤務中、社員が自宅で転倒し負傷する等の事態が生じうるものですが、そもそもテレワーク中の在宅での事故は労災保険給付の対象となるのでしょうか。

◱　労災保険法の規定

　まず労災保険法では、「業務上負傷し、又は疾病にかかった場合」を業務上災害とし、労災保険給付の対象としますが、この業務上災害について法文上、明確な定義は存しません。労災補償制度の趣旨・目的に照らした法解釈が要請されるところですが、実務上は、大量に発生する個別事案を公平かつ迅速に処理するために行政解釈が数多く示され、これに基づいて労基署長が給付決定しているものです。

　同行政解釈を概観すると、まず業務上災害に該当する第1の類型は、「事業主の支配・管理下で業務に従事している場合」における災害です。これは、所定労働時間内や残業時間内に事業場施設内で業務に従事している場合に災害に被災するものが典型例となります。

業務としての行為や事業場の施設・設備の管理状況などが原因となって事故が発生したものであれば、特段の事情のない限り、業務上と判断されますが、他方で以下の場合は業務外と判断されることとなります。

〈業務外となりうる場合〉

①労働者が就業中に私用（私的行為）を行い、または業務を逸脱する恣意的行為をしていて、それが原因となって災害発生

②労働者が故意に災害を発生

③労働者が個人的恨みなどにより、第三者から暴行を受けて被災

④地震・台風などの天災地変で被災（事業場の立地・作業環境等の例外あり）

第2に「事業主の支配・管理下にあるが業務に従事していない場合」においても、業務上災害に該当する場合が存します。業務に従事していない「休憩時間」や「就業前後」における災害が私的行為によって発生した場合、たとえば昼休み中に同僚有志と遊びでサッカーに興じていた際に靭帯を損傷する等は業務上災害にあたりませんが、他方で次のようなケースはどうでしょうか。

たとえば、休憩時間にサッカーに興じていたところ、突風が吹き、会社施設内の老朽化していたゴールポストが倒れてきて負傷した場合です。この場合は、事業場施設内において、当該施設・設備や管理状況などが原因で被災した事案にあたるため、業務上災害となります。また、トイレなどの生理的行為は事業主の支配下で業務に付随する行為として扱われますので、その移動途中などに転倒した場合も業務災害に該当します。

第3は出張・社用での外出中に生じた災害です。これについては、労災保険法上、当該出張過程の全般が事業主の支配下とされ、この移動途中などに生じた災害は業務上災害と扱われます。ただし、積極的私的行為は除くこととされており、たとえば出張中に酒宴で酩酊状態となり、旅館の屋根から墜落した場合などは「積極的私的行為」であり、業務外と考えられます。

❷　在宅勤務下での災害

　以上の整理を念頭に置くと、在宅勤務下での災害はいかに考えるべき
でしょうか。在宅勤務においては、就業場所の管理権限は会社にはなく、
労働者本人・家族等に委ねられます。他方で在宅での勤務を命じたのは
会社であり、当該就業時間中は会社の支配下にあるものと解されます。

　このため、在宅勤務の就業時間中、自宅の執務室で業務上必要な本を
取り出そうと書棚に手を伸ばしたところ、誤って転倒等し負傷した場合
などは、会社の支配下での災害であり、労働災害に該当しうるものです。
同様に就業時間中、自宅の就業場所からトイレに向かう途中、転倒した
場合なども、「業務に付随する行為」中の災害であり、労災認定の対象
となりえます。

　他方で在宅勤務特有の問題として悩ましいのは、私的領域の瑕疵が原
因で被災した場合です。たとえば、自宅の電気コードが断線しており、
就業時間中、電気コードに触れて感電し負傷等した場合などは、使用者
の支配下での災害ではありますが、電気コードの管理責任は労働者・そ
の家族にあり、私的行為によって災害が生じたと解された場合、労働災
害に該当しない可能性があります。

　いずれにしても、在宅勤務中の災害にかかる労災認定については、今
後、さまざまな認定・不認定事案が積み上がり、行政解釈等も示される
ものと思われ、今後の動向を注視する必要があるでしょう。

在宅勤務者について、実際の就業状況を把握するのは難しい面があります。時間管理を適切に進めるためには、どのような労働時間制度を導入したらよいでしょうか。

Answer

1 テレワークと時間管理

初めて在宅勤務に従事する労働者のなかには、在宅勤務中、「好きなときに好きなように仕事ができる」自由がある旨、主張する者が、少なからずみられます。このような主張は正しいのでしょうか。

そもそも「雇用型テレワーク」であれば当然に労働契約に基づき、所定労働時間および始業・終業時刻等を使用者が定め、労働者がこれを遵守することが法的に義務づけられる関係に変わりはありません。

したがって、在宅勤務であっても、始業時刻には在宅で仕事を開始し、終業時刻には業務を終えることが当然に労働者に義務づけられるものです。また使用者に対しても、在宅勤務であっても1日8時間・週40時間などの労働時間規制、法定時間外労働に対する割増賃金支払義務など労基法上の規制が、当然に及ぶことになります。

しかしながらテレワークが会社での業務と大きく異なるのは、就労場所が会社外であり、上司・同僚等とともに働く環境にない点です。会社のように上司、同僚等の目が光るなか、定められた空間内で業務に従事する場合は、明らかに「時間的・場所的拘束」下にあり、使用者の指揮命令下において労務提供に従事しているものですが、在宅勤務下の、会社の施設管理権が及ばない自宅等では、通常、上司等が当該労働者の執務状況を随時確認しうる状況にありません。

このような在宅勤務において、労働時間管理をいかに的確に行ってい

くかは、大きな課題となりうるものです。

2　多様な労働時間制度

　在宅勤務においても適用しうる多様な労働時間制度としては、①裁量労働制（企画業務型・専門業務型・高度プロフェッショナル制度）、②事業場外みなし労働、③フレックスタイム制度など、さまざまな選択肢があります。法令上の要件を満たす限り、いずれも在宅勤務であっても導入可能ですが、当然に各々の要件を満たさなければなりません。また、「みなし労働時間制」等を導入しえたとしても、使用者は在宅勤務下においても労働時間の状況の把握義務が生じます。

　Q6において後述するとおり、労働安全衛生法（以下、安衛法）は、使用者に対し労働者の労働時間の状況の把握義務を課しており、前記①〜③、さらには管理監督者であっても、当該状況の把握が必要となるものです。

Q6　在宅勤務下における労働時間の状況の把握義務とは

　安衛法では、労働時間の状況の把握義務が課されていますが、在宅勤務中の社員についてはどのように対応したらよいのでしょうか。

Answer

1　「労働時間の状況の把握」とは

　安衛法は事業者に対し、裁量労働、事業場外みなし労働を含め、すべての労働者（高度プロフェッショナル制度を除く〈※健康管理時間〉）にかかる労働時間の状況の把握義務を課し、長時間労働者の面接指導を的確に実施するよう求めています。この「労働時間の状況の把握」とは、いかなるものを指すのでしょうか。

厚労省の解釈通達における定義では、「労働時間の状況の把握とは、労働者の健康確保措置を適切に実施する観点から、労働者がいかなる時間帯にどの程度の時間、労務を提供し得る状態にあったかを把握するもの」としており、労基法上の労働時間より広い概念であることがわかります。

労働時間の状況の把握方法について、具体的には「タイムカードによる記録、パーソナルコンピューター等の電子計算機の使用時間の記録等の客観的な方法その他の適切な方法」により「労働時間の状況の把握義務」を使用者に課しています。

また、その他適切な方法として自己申告が考えられますが、同通達では、直行直帰で、かつ社内システムにアクセスできない場合等に限定しています。

② 在宅勤務者の場合

在宅勤務者にかかる労働時間の状況の把握方法が難問ですが、まず差しあたり考えられる方法は、パソコンのログ記録です。他方でパソコンのログ記録は、パソコンの接続状況にすぎず、同時間をもって、すべてが「労働時間」「労働時間の状況」に該当するか否か、疑義が生じることもあります。

したがって、会社としては、パソコンのログ記録のみに依拠せず、労働者本人からの自己申告として、スマートフォンアプリなどで適宜、業務従事・休憩・業務終了時刻等を入力申告させる方法を併用するのが適当と思われます。

同申告時間をもって、まずは「労働時間」「労働時間の状況」としたうえで、定期的にパソコンログデータ等と照合させ、大きな乖離が認められた場合、勤務実態の確認を労働者本人・上司等で行う対応等が考えられます。

在宅勤務中の長時間労働による脳・心臓疾患、精神疾患への罹患は労災の対象となるか

　社員が在宅勤務中に長時間労働のため、脳・心臓疾患、精神疾患に罹患した場合、労災認定の対象となるのでしょうか。

Answer

① 長時間労働等による脳・心臓疾患、精神疾患と労災

　在宅勤務は就業場所が会社ではなく、在宅である点に大きな特徴を有しますが、使用者の指揮命令の下、労務提供に従事している点では在宅勤務であれ、会社出社時と何ら異なりません。このため在宅勤務中であれ、長時間労働等によって脳・心臓疾患、精神疾患に罹患したとの相当因果関係が認められれば、労災認定の対象となりうるものです。

　脳・心臓疾患の労災認定基準（平13.12.12基発1063号）では、発症前1カ月におおむね100時間または発症前2カ月ないし6カ月にわたって1カ月あたりおおむね80時間を超える時間外労働が認められる場合には、業務と発症との関連性が強いと評価できるとしています。

　また、精神疾患の労災認定基準につき、厚労省は詳細な認定基準（「心理的負荷による精神障害等に係る業務上外の認定基準」）を定め、これを基に全国の労基署で画一的に認定を行っていますが、当該認定基準においても、発症前に長時間労働が認められれば、労災認定の対象となりうるものです。

　特に極度の長時間労働として、発病直前1カ月おおむね160時間（3週間おおむね120時間）の時間外労働が認められた場合には、「特別な出来事」として労災認定の対象とします。さらに、発病から起算した直前の2カ月間に1カ月あたりおおむね120時間または発病から起算した直前の3カ月間に1カ月あたりおおむね100時間などの時間外労働が認められた場合も、同じく労災認定の対象となります。

なお、精神障害の労災認定における上記時間について、厚労省は「ここでいう時間外労働とは、1週40時間を超える労働時間をいうが、労働時間数は長いものの手待ち時間の割合が多く、労働密度が特に低い場合には、心身の極度の疲弊、消耗を来すとは評価できないものであるから、単純に時間外労働時間数のみで判断すべきではない」（報告書）と説明しており、参考になります。

② 在宅勤務にかかわる留意点

　在宅勤務においても、前記時間を超えて勤務している状況のなか、脳・心臓疾患または精神疾患を発症した場合、労災認定の対象となりえます。当該労災事案を未然に防止するためには、まずはQ6で解説したとおり、本人の自己申告とパソコンのログ記録等を通じた、的確な労働時間の状況の把握が会社としても必要不可欠といえます。

　悩ましいのは、自己申告等が適正に行われず、かつ労働者本人の私用パソコン等で業務を行っていたなか、過重労働に至っていた等の労働者側の主張が精神疾患の発症後になされた場合です。

　会社としては、勤怠管理上、当該長時間労働の状況を把握しておらず、労働者・遺族等の主張にかかる真偽も直ちに判然としないものですが、このような事態を防止するためには、適正な勤怠管理とともに、Q10で解説するとおり、ラインケア・スタッフケアなどのメンタルヘルス対策が鍵を握ることとなります。

Q8　リモートハラスメントとは何か

在宅勤務下においては、どのようなハラスメント問題が生じているのでしょうか。直接顔を合わせている場合と比べて、特に留意すべき点があるでしょうか。

Answer

1　リモートハラスメントとパワーハラスメント

近年、職場における大きな労務管理上の課題といえるのが、パワーハラスメント（以下、パワハラ）および職場いじめの問題です。在宅勤務下では、上司・同僚と直接顔を合わせることがないため、一見すると、このパワハラおよび職場いじめ等の問題が生じず、メンタルヘルス上の懸念がないようにも思えるものですが、報道等をみると、最近の造語として「リモートハラスメント」が注目されつつあります。

同造語につき、特に明確な定義が存するものではありませんが、在宅勤務時等において、オンライン会議・メール・電話等を介してなされるパワハラ等（なかにはセクハラ等も含む）を指すものと解されます。

パワハラについては、すでに労働施策総合推進法において法令上の定義が示されており、企業に対し、雇用管理上の措置を講じることを義務づけています（同法30条の2第1項）。

> 「事業主は、職場において行われる優越的な関係を背景とした言動であって、業務上必要かつ相当な範囲を超えたものによりその雇用する労働者の就業環境が害されることのないよう、当該労働者からの相談に応じ、適切に対応するために必要な体制の整備その他の雇用管理上必要な措置を講じなければならない」

そのうえで同条2項では、労働者が前項の相談を行ったこと、または

事業主による当該相談への対応に協力した際に事実を述べたことを理由とした、当該労働者に対する解雇その他不利益取扱いの禁止を定めています。さらに同条3項以下では、前2項の規定に基づき事業主が講ずべき措置等に関する指針策定の根拠等を定めています。

さらに同指針において、パワハラに該当しうる精神的な攻撃、人間関係からの切り離し、過大・過小な業務などさまざまな項目ごとに、「該当すると考えられる例」「該当しないと考えられる例」を示しています。

リモートハラスメントなる行為が、はたして法的に問題となるパワハラにあたるか否かについても、基本的にはパワハラ指針に照らし判別されることになりますが、典型例として、上司から常時パソコンのカメラオンを指示され、私生活すべてが監視されている状態等があげられます。

確かにパワハラ指針をみると、パワハラの具体例の1つとして、「個の侵害（私的なことに過度に立ち入ること）」として「労働者を職場外でも継続的に監視したり、私物の写真撮影をしたりすること」等があげられています。上司が業務目的を離れて、パソコンのカメラ等を通じて、労働者の私生活に過度に立ち入ることは、やはり法的に許されません。

また、上司がパソコンのオンライン会議・メール・電話を通じて、部下に対し、脅迫・名誉毀損・侮辱・ひどい暴言などの精神的な攻撃をなすことは、いうまでもなく典型的なパワハラに該当します。同指針においても具体例としてあげられている、「人格を否定するような言動を行うこと。相手の性的指向・性自認に関する侮辱的な言動を行うことを含む」「業務の遂行に関する必要以上に長時間にわたる厳しい叱責を繰り返し行うこと」などを「リモート」で行うことも、当然に許されないものです。

さらに、指針では「相手の能力を否定し、罵倒するような内容の電子メール等を当該相手を含む複数の労働者宛てに送信すること」も、パワハラの具体例の1つとして示しており、これもリモートハラスメントの一種と位置づけられます。

2　リモートハラスメントにかかわる留意点

　以上のリモートハラスメントが、法的にも労務管理上も許されないこ
とはいうまでもありませんが、何よりも企業側として留意すべきは、上
記リモートハラスメントは会社内で行われることに比べ、はるかに被害
労働者、その家族が「証拠化」しやすい点です。

　パソコンのメール等で上司からのハラスメント言動があれば、簡単に
プリントアウト等ができますし、オンライン会議等の画像・音声記録な
ども、容易に個人スマホ等で録画・録音が可能です（何よりも本人の自
宅であり、別スマホ等で録画録音されているか否か、ハラスメント言動
を行った上司自身は確認できません）。

　企業としても当該問題が生じることのないよう、管理者に対するハラ
スメント防止対策を含んだマネジメント教育を、改めて徹底する必要が
あるといえます。

Q9　コロナ禍の在宅勤務下での産業保健活動とは

　全社的に在宅勤務にシフトしているなか、産業保健活動は従来ど
おりに進めなければならないのでしょうか。

Answer

　安衛法では、事業者に対し、常時50人以上の労働者が勤務する事業場
ごとに、毎月1回の安全衛生委員会開催および産業医の職場巡視、さら
には衛生管理者による職場巡視（週1回）等の産業保健活動を義務づけ
ています。コロナ禍において、職場での会議・出社等を極力減らし、テ
レワークに切り替えているなか、上記産業保健活動はやはり実施義務が
課せられているのでしょうか。

　厚労省のQ&Aには、安全衛生委員会の開催につき、以下の回答がみ

られます。

＜安全委員会等の開催＞

問4　新型コロナウイルス感染症の拡大防止のため、労働安全衛生
　　　法に基づく安全委員会等の開催については、どのように対応すれ
　　　ばよいでしょうか。

　　安全委員会等については、法令に基づき毎月１回以上開催する必
　要がありますので、いわゆる"三つの密"を避け、十分な感染防止
　対策を講じた上で開催してください。安全委員会等を開催するに際
　しては、事業場における新型コロナウイルス感染症の拡大防止に向
　けた対応等についても議題に含めるなど、積極的な調査審議に努め
　ていただきますようお願いいたします。

　以上のとおり、厚労省はコロナ禍においても、３密防止対策を講じた
うえで、月に１回の安全衛生委員会の開催自体は求めており、議題内容
として、新型コロナウイルス感染症の拡大防止対策を含めることを推奨
するものです。

　他方で、その実施方法については、令2.8.27基発0827第１号「情報通
信機器を用いた労働安全衛生法第17条、第18条及び19条の規定に基づく
安全委員会等の開催について」において、非対面での実施を条件付きで
許容しています（詳細については同通達参照）。

　産業医・衛生管理者の職場巡視についても、特にQ＆A上の言及はあ
りませんので、厚労省としては、当然にコロナ禍においても上記職場巡
視を求めていることに変わりないものと思われます（令3.3.31基発0331
第４号においても、産業医の定期巡視は「実地で実施する必要」がある
と明記）。

　産業医・衛生管理者への感染リスクの懸念などから、職場巡視の免除
を求める声もありますが、当該職場巡視の目的の１つに「新型コロナウ
イルス感染症の拡大防止」が当然に含まれることから、むしろいままで
以上に積極的な職場巡視が求められるのです。そのうえで、「感染リス

ク」を現認したのであれば、しかるべき防止対策を立案・指導するの
が、まさに産業医および衛生管理者の職責にほかなりません。

　もちろん、当該職場巡視に際し、自身の感染防止のため、必要なフェ
イスシールド等の準備を会社としても講じておく必要があるといえます。

Q10　在宅勤務者のメンタル不調をどう把握するか

　在宅勤務で直接顔を合わす機会が減ると、上司が部下のメンタル
不調に気づかない可能性があります。どのような点に留意したらよ
いでしょうか。

Answer

　在宅勤務に従事している社員のなかに、上司等への定期的な報告・連
絡・相談を怠り、労務提供のアウトプット自体も不十分である者がまま
みられることがあります。通常は、上司が適宜指導を行い、改善を求め
ることになりますが、上司も本人と直接の面談ができない状況が続くと
ころ、同人のパソコンのアクセス履歴には日中のログ記録がなく、夜か
ら朝方までアクセス履歴が残っている場合などに、どう対応すべきかが
問題となります。

　会社への出社が前提の場合には、遅刻・欠勤・早退などの勤怠の乱れ
であったり、あるいは上司への報連相や職場内のコミュニケーションを
通じて、「ケチな飲み屋サイン」をつかみ、本人の健康状態を上司等が
把握し、産業保健スタッフと連携し、病院への受診勧奨・休職手続きな
ど必要な対応を講じることが可能です（ラインケア）。

　しかしながら、在宅勤務の場合、この「ケチな飲み屋サイン」のつか
み方が、会社出社時とは異なります。まず在宅勤務において、上司が部
下を「放置」して、何ら勤怠管理・コミュニケーションを取らない場
合、メンタル不調の兆候をつかむこと自体ができず、単に当該労働者の

「アウトプット」が不足しているという結果のみが積み重なることとなります。

その結果が積み重なっているなか、上司が慌てて当該部下とオンラインあるいは直接の面談を行い、指導を行おうとしても、その原因が「メンタル不調」にあるのか、本人の勤務態度不良にあるのか、いかなる上司であれ、直ちに見極めることはできません。

さらに、当該面談に際し、激しい口調で当該上司が部下を叱責することは、前記のパワハラに該当するおそれがあり、後日、同人から、本人のメンタル不調は上司のパワハラ（リモハラ）に起因する業務上疾病（労災認定）との訴えの提起さえ懸念されることとなります。

当該事態を招くことがないよう、上司はテレワーク下においても、労働時間・労働時間の状況の適正な把握の観点から、部下の勤怠状況を適宜把握し、欠勤・遅刻・早退等の兆候がないか、また仕事のアウトプットにおいて「能率の低下」「ミス、事故」等が生じていないか、上長としてチェックすることも当然に重要です。

さらに、会社出社時の面談あるいはオンライン会議等において、必要に応じて部下との面談を行い、「ケチな飲み屋サイン」のなかの「泣き事をいう」「辞めたいという」などの兆候がみられる場合、産業保健スタッフと連携し、産業医等との面談、さらには専門医療機関への受診勧奨等のうえ、必要に応じて、私傷病休職等の制度適用に導いていくことが上司の新たな役割となりうるものです。

在宅勤務下においてはフェーストゥフェースでの面談が難しく、出社時以上に当該見極めは容易ではありませんが、当該従業員をテレワーク下で「放置」することは、前述したリモハラとともに、在宅での長時間「労働」による健康障害と労災申請を惹起させるおそれが高い点に留意しておく必要があります。

Q11 在宅勤務者の復職可否をどう判断するか。在宅勤務での復帰希望にどう対応するか

在宅勤務下では、メンタル不調による休職中の社員から職場復帰の希望が出された場合、どう対応したらよいのでしょうか。在宅勤務での復職を認めるべきでしょうか。

Answer

在宅勤務下において、メンタル不調による私傷病休職社員が主治医等による診断書を根拠に「在宅勤務」での職場復帰を希望する場合がみられます。このような場合、本人希望のとおり、「在宅勤務」での復職を必ず認めなければならないのでしょうか。

そもそも私傷病休職制度は一般に、「期間中の従業員の労働関係を維持しながら、労務への従事を免除するものであり、業務外の傷病により労務提供できない従業員に対し、退職を猶予してその間傷病の回復を待つことによって、労働者を退職から保護する制度」であり、復職可否判断に際しては、「休職事由」の消滅、つまりは「傷病が寛解し、労務提供が可能である」か否かが問題となります。

主治医の診断書によって傷病の治癒状況はある程度、会社としても把握しうるとしても、問題となるのは「労務提供が可能」か否かの判断です。特に営業・管理部門等の事務系労働における正社員職は復職後の労務提供につき、**伊藤忠商事事件**判決（東京地裁平25.1.31判決、労働経済判例速報2185号３頁）が的確に示すとおり「業務遂行には、対人折衝等の複雑な調整等にも堪え得る程度の精神状態が最低限必要とされることには変わりがない」ものです。

当該労務提供の可否を判断するうえで、まずは私傷病休職社員に対し、出社させ、当該労務提供が可能か否か判断することは通常、必要不可欠と思われ、在宅勤務での復職を認めない取扱いも、その限りで相応の合理性があるものと思われます（会社に出社させ、円滑な復職可否判

断に資するべく、リハビリ出社を求める対応もあわせて考えられる）。

　緊急事態宣言下などで全社的な在宅勤務態勢のなか、ちょうど私傷病休職期間満了時期が到来し、主治医診断書等から復職可能との判断が示された場合の会社対応が難問ですが、この場合も前記のとおり、復職可否判断にあたり出社を前提とするのであれば、在宅勤務での復職は困難です。

　会社側としては、労働者本人の同意のうえ、出社が可能となる期間まで休職を特別延長し、出社可能となった時点で復職可否判断を行う選択もあろうかと思われます。

【著者紹介】

鈴木　安名（すずき・やすな）
医学博士、産業医。静岡県生まれ。2003年から（公財）労働科学研究所（現、大原記念労働科学研究所）研究員となり、現在は協力研究員。2020年7月より（一社）産業保健メンタルヘルス研究会代表理事。メンタルヘルス研修としては、内閣人事局主催の「最新のメンタルヘルス対応」を担当。著書に『人事・労務担当者のためのメンタルヘルス対策教本』（鈴木安名著、北岡大介著、峰隆之編集、日経出版）など多数。現在の研究テーマは採用、新人研修、職場トラブル対応。モットーは"自分は人事部応援団"。趣味は自宅筋トレと淡水エビの飼育、絵画鑑賞。最近は懸垂台を入手し、懸垂にはまっている。

峰　隆之（みね・たかゆき）
東京都出身。東京大学法学部卒業。1987年東京電力㈱に入社。1992年弁護士登録。第一協同法律事務所に所属。第一東京弁護士会労働法制委員会副委員長兼労働時間法制部会長。経営法曹会議幹事。2013年から2016年まで東京大学法科大学院客員教授（会社労使関係法等）。著書に『おもしろくてよくわかる労働基準法の話と実務』『個別労働紛争　実践的解決マニュアル』（いずれも日本法令）、『賃金・賞与・退職金Q&A』（労務行政）、『ダラダラ残業防止のための就業規則と実務対応』『これだけはやっておく改正労働基準法・育児介護休業法の対応業務チェックリスト』『有期雇用のトラブル対応実務チェックリスト（監修）』（いずれも日本法令、共著）、『震災に伴う人事労務管理上の諸問題』（労働開発研究会）その他共著多数。

西　賢一郎（にし・けんいちろう）
ジヤトコ株式会社　人事部門付　統括産業医。2003年産業医科大学医学部卒業。関東労災病院にて内科研修終了後、新日本製鐵株式会社（当時）君津製鐵所で産業医修練。産業医科大学産業生態科学研究所労働衛生工学研究室での産業医学専門の卒後修練を経て、2008年東芝機械株式会社沼津本社産業医。2013年4月より現職。専門は産業医学、産業ストレス、労働衛生工学。学位・資格は博士（医学）、日本産業衛生学会　産業衛生専門医・指導医、社会医学系専門医・指導医、労働衛生コンサルタント（保健衛生）、日本内科学会認定内科医。役職は、日本産業衛生学会評議員（同ダイバーシティ推進委員会委員長）、日本産業ストレス学会理事、産業保健メンタルヘルス研究会理事。

北岡　大介（きたおか・だいすけ）
特定社会保険労務士。元労働基準監督官。1995年金沢大学法学部卒、労働省に労働基準監督官として任官し、労基法などの監督指導業務等に従事。2000年労働省を退官し、北海道大学大学院法学研究科で労働法・社会保障法専攻。同大学院博士課程単位取得退学後、大手サービス業労務担当等を経て、2009年に北岡社会保険労務士事務所を独立開業。2020年4月から東洋大学法学部専任講師（労働法）に着任。主な著書として『「同一労働同一賃金」はやわかり』『「働き方改革」まるわかり』（日本経済新聞出版社）など多数。

一般社団法人　産業保健メンタルヘルス研究会
2020年6月29日設立。代表理事：鈴木安名。産業保健における医学知見の普及・促進ならびに会員の技量向上を図るとともに、産業保健における学術研究・知識の習得を通じた交流を行い、もって学術および文化の振興ならびに国民の豊かな人間性の涵養に寄与することを目的とし、以下の事業を行っている。
　1．産業保健における医学知見の普及・促進に関する情報の提供
　2．産業保健における医学知見の普及・促進に関する講演会の開催
　3．産業保健における医学知見の普及・促進、習得度に関する検定・認定制度の実施・運営
　4．その他、当法人の目的を達成するために必要な事業

テレワークQ＆A

2021年9月10日　第1版　第1刷発行

定価はカバーに表
示してあります。

編　者　一般社団法人
　　　　産業保健メンタルヘルス研究会

発行者　平　　盛之

　　　　㈱産労総合研究所
発行所
　　　　出版部　経営書院

〒100－0014
東京都千代田区永田町1―11―1　三宅坂ビル
電話03-5860-9799　振替00180-0-11361

印刷・製本　中和印刷株式会社

落丁・乱丁本はお取り替えいたします。
本書の一部または全部を著作権法で定める範囲を超えて，無断で複写，複製，転載すること，および磁気媒体等に入力することを禁じます。

ISBN978-4-86326-316-1